# Europe

par le Docteur Ermete PIEROTTI, membre de plusieurs académies scientifiques

# Statistique et notions principales sur l'Europe

| ÉTATS. | Superficie Kil. car. | Population. | Densité habitans K. c. |
|---|---|---|---|
| Russie [1] | 5.407.858 | 69.560.000 | 12.6 |
| Suède et Norvège [2] | 758.565 | 5.870.698 | 9.3 / 5.5 |
| Conféd.on de l'Allemagne (Nord) [3] | 485.850 | 31.273.100 | 73.6 |
| Bavière (Allemagne du Sud) | 76.600 | 4.824.482 | 73 |
| Wurtemberg (Allemagne du Sud) | 19.610 | 1.778.396 | 73 |
| Bade (Allemagne du Sud) | 15.330 | 1.464.970 | 73. |
| Hesse | 7.080 | 823.140 | 73.6 |
| Autriche Hongrie | 620.400 | 35.951.200 | 57.5 |
| Liechtenstein [Autriche] | 159 | 8.320 | 57.5 |
| France | 528.750 | 36.580.150 | 69.2 |
| Espagne | 507.050 | 16.730.000 | 33.6 |
| Andorre [Espagne] | 380 | 12.000 | 33 |
| G.de Bretagne et Irlande | 315.640 | 30.857.900 | 97.5 |
| Malte, Gibraltar, Helgoland | 375 | 175.100 | » |
| Turquie | 347.056 | 10.512.000 | 30.6 |
| Roumanie (Vassaux de la Turquie) | 120.972 | 4.605.650 | 30 |
| Serbie (Vassaux de la Turquie) | 48.557 | 1.222.000 | 31 |
| Monténégro (Vassaux de la Turquie) | 4.427 | 100.000 | 30 |
| Italie | 296.012 | 26.470.560 | 89 |
| San Marino [Italie] | 58 | 7.306 | 88 |
| Monaco [Italie] | 12 | 3.200 | 88 |
| Danemark | 38.289 | 1.783.900 | 46 |
| Iles Fœroe, Islande [Danemark] | 104.281 | 76.100 | » |
| Portugal [Açores, Madera] | 92.751 | 4.285.960 | 46 |
| Grèce | 50.126 | 1.348.860 | 26.7 |
| Suisse [4] | 41.418 | 2.560.500 | 64 |
| Pays-Bas | 32.840 | 3.632.800 | 11.2 |
| Luxembourg [Pays-Bas] | 2.585 | 200.000 | 77.8 |
| Belgique | 29.454 | 4.962.000 | 168.3 |
| Total | 9.887.344 | 297.654.432 | » |

[1] En Russie, la Pologne compte 5.320.000 habitants, la Finlande, 323.000. [2] La Norvège a 1.712.390 hab.ts et une superficie de 316.692 Kil. car. [3] L'Empire d'Allemagne est formé des pays suivants : 1. Roy.e de Prusse — 2. Roy.e de Saxe. 3. G.ds duchés : de Mecklembourg-Schwérin, — 4. de Saxe-Weimar, — 5. de Mecklembourg-Strélitz, — 6. d'Oldenbourg — 7. Duchés : de Brunswick, — 8. de Saxe-Meiningen, — 9. de Saxe-Altenbourg, — 10. de Saxe-Cobourg-Gotha, — 11. d'Anhalt — 12. Principautés : de Schwarzbourg-Rudolstadt, — 13. de Schwarzbourg-Sondershausen, — 14. de Waldeck, 15. de Reuss-Greitz, — 16. de Reuss-Schleiz, — 17. de Schaumbourg-Lippe, — 18. de Lippe-Detmold. — 19. Républiques : du Lubeck, — 20. de Brême, — 21. de Hambourg — 22. Roy.e de Bavière, — 23. de Wurtemberg — 24. G.ds duchés de Bade, — 25. de Hesse — 26. Alsace-Lorraine — 27. Pays d'Hohenzollern (Voir la carte et les numéros).

## [4] Suisse.

| Cantons | Population |
|---|---|
| Zurich | 266.560 |
| Berne | 485.300 |
| Lucerne | 132.600 |
| Uri | 15.050 |
| Schwytz | 45.300 |
| Unterwalden | 25.600 |
| Glaris | 34.300 |
| Zug | 20.100 |
| Fribourg | 107.600 |
| Soleure | 70.400 |
| Bâle | 95.350 |
| Schaffouse | 37.500 |
| Appenzel | 61.600 |
| Saint-Gall | 184.406 |
| Grisons | 93.700 |
| Argovie | 196.300 |
| Thurgovie | 92.000 |
| Tessin | 120.000 |
| Vaud | 216.000 |
| Valais | 90.798 |
| Neuchatel | 88.000 |
| Genève | 82.248 |
| Total | 2.560.500 |

## Religions.

| | Population |
|---|---|
| Juive | 4.250.000 |
| Catholique R. | 146.400.000 |
| Grecque | 70.254.000 |
| Protestante | 70.200.000 |
| Mahométane | 6.000.000 |
| Diff.tes sectes | 200.000 |
| Païenne | 350.432 |
| Total | 297.654.432 |

## Principales Villes.

|  | habitants |
|---|---|
| Londres (c) | 3.815.005 |
| Paris (c) | 1.869.000 |
| Constantinople (c) | 1.075.000 |
| Vienne (c) | 825.000 |
| Berlin (c) | 704.000 |
| S.t Pétersbourg (c) | 668.000 |
| Glascow | 567.000 |
| Liverpool | 518.000 |
| Manchester | 496.500 |
| Naples | 480.000 |
| Birmingham | 370.000 |
| Moscou | 367.600 |
| Lyon | 330.950 |
| Dublin | 323.000 |
| Madrid (c) | 318.400 |
| Marseille | 304.160 |
| Amsterdam (c) | 275.000 |
| Leeds | 250.000 |
| Varsovie | 255.000 |
| Sheffield | 245.800 |
| Hambourg (c) | 226.200 |
| Lisbonne (c) | 224.500 |
| Rome (c) | 221.800 |
| Pesth | 202.000 |
| Milan | 198.000 |
| Bordeaux | 196.240 |
| Barcelone | 189.600 |
| Buckarest (c) | 184.300 |
| Copenhague (c) | 181.000 |
| Turin | 180.960 |
| Edimbourg | 179.500 |
| Bruxelles (c) | 175.000 |
| Breslau | 174.000 |
| Bristol | 172.200 |
| Munich (c) | 171.100 |
| Palerme | 168.000 |
| Prague | 157.300 |
| Dresde (c) | 156.000 |
| Lille | 155.742 |
| Bradford | 143.000 |
| Stockholm (c) | 135.150 |
| Newcastle | 133.100 |
| Hull | 131.100 |
| Gênes | 128.600 |
| Toulouse | 126.836 |
| Cologne | 125.000 |
| Anvers | 123.106 |
| Portsmouth | 122.200 |
| Rotterdam | 121.006 |
| Belfast | 120.900 |
| Gand | 120.000 |
| Odessa | 118.900 |
| Venise | 116.600 |
| Florence | 116.200 |
| Nantes | 112.950 |
| Koenisberg | 106.000 |
| Liège | 104.050 |
| Riga | 102.100 |
| Sunderland | 101.600 |
| Stuttgard (c) | 75.781 |
| Trieste | 70.274 |
| Christiania (c) | 64.776 |
| Athènes (c) | 41.600 |
| Genève | 41.500 |
| Carlsruhe (c) | 32.004 |
| Darmstadt (c) | 31.390 |
| Berne (c) | 29.020 |
| Belgrade (c) | 22.300 |
| Luxembourg (c) | 14.634 |
| S. Marino (c) | 3.500 |
| Monaco (c) | 1.890 |

(c) indique la capitale des Etats.

## Mers.

— Grandes mers —

Océan glacial Arctique ou Boréal au nord.

Océan Atlantique à l'ouest.

Mer Méditerranée, au sud.

— Petites mers —

Mer Blanche, formée par l'Océan Glacial.

La Baltique, Mer du Nord, La Manche, Mer d'Irlande : formées par l'Océan Atlantique.

Mer de Sicile, l'Adriatique, Mer Ionienne, L'Archipel, Mer de Marmara, Mer Noire, Mer d'Azof : formées par la Méditerranée.

Mer Caspienne, qui ne communique avec aucune autre mer.

## Lacs.

En Russie, Saïma, Onéga, Ladoga, Blanc, Ilmen et Peipous.

En Suède, Wener, Welter, Malari.

Entre la Suisse et la France, le lac de Genève.

Entre la Suisse et l'Allemagne, le lac de Constance.

Entre la Suisse et l'Italie, le lac Majeur, et de Lugano.

En Italie, les lacs de Côme, de Garde, de Comacchio, de Pérouse ou de Trasimène, de Bolsena et de Célano.

En Suisse, les lacs de Neuchatel, de Lucerne, et de Zurich.

En Hongrie, les lacs de Balaton et de Neusiedel.

## Montagnes.

— Chaînes principales —

Les Scandinaves, entre la Suède et la Norvège.

Les monts Ourals, entre l'Europe et l'Asie.

Le Caucase, entre la mer Noire et la mer Caspienne.

Les monts Balkan, en Turquie.

Les monts Karpathes, dans l'empire d'Autriche.

Les Alpes, qui séparent l'Italie de la France, de la Suisse et de l'Allemagne.

Les Apennins, en Italie.

Les Pyrénées, entre la France et l'Espagne.

Les Cévennes, en France.

Les monts Ibériens en Espagne.

— Petites chaînes —

Les Vosges, les monts d'Auvergne en France.

Le Jura, entre la France et la Suisse.

Les Sudètes, en Autriche.

Les Asturies, les monts Cantabres, la Sierra d'Ossa, la Sierra Morena, la Sierra Nevada en Espagne.

— Monts principaux —

|  | | mètres |
|---|---|---|
| M.t Blanc | Alpes | 4000 |
| M.t Rosa | Alpes | 4628 |
| M.t Pelvoux | Alpes | 4580 |
| M.t Cervin | Alpes | 4505 |
| M.t Viso | Alpes | 3840 |
| M.t Genèvre | Alpes | 3590 |
| S.t Bernard | Alpes | 3470 |
| Simplon | Alpes | 2492 |
| Le Posets | Pyrénées | 3486 |
| M.t Maledetta | Pyrénées | 3480 |
| M.t Perdu | Pyrénées | 3408 |
| La Vignemale | Pyrénées | 3350 |
| Pic du Midi | Pyrénées | 2972 |
| Pic de Corlitte | Pyrénées | 2925 |
| M.t Canigou | Pyrénées | 2784 |
| Huska Poyana (Karpathes) | | 3080 |
| Tafelfichte (M.ts Sudètes) | | 1030 |
| Arber | Böhmerwal | 1406 |
| Haydelberg | Böhmerwal | 1405 |
| Rosberg (Souabe) | | 1268 |
| Brocken (Harz) | | 1141 |
| Schneekopf (Thuringerwald) | | 1020 |
| Feldberg (Forêt Noire) | | 1491 |
| Snechatten (Norvège) | | 2540 |
| M.t Etna (Sicile) | | 3400 |
| M.t Cavallo | Apennins | 2960 |
| M.t Gargano | Apennins | 1559 |
| Vésuve (Naples) | | 1196 |
| Mulhacen (Sierra Nevada) | | 3554 |
| Gaviara (Espagne) | | 2403 |
| Sierra d'Estrella (Portugal) | | 2293 |
| Puy-de-Dôme | Auvergne | 1596 |
| M.t Dore | Auvergne | 1895 |
| Plomb du Cantal | Auvergne | 1858 |
| M.t Menzec | Cévennes | 1760 |
| M.t Lozère | Cévennes | 1686 |
| M.t Rotondo (Corse) | | 2670 |
| Reculet | Jura | 1738 |
| Dôle | Jura | 1688 |
| Ballon de Guebwiller (Vosges) | | 1402 |
| Tchardagh (Balkan) | | 1600 |
| Hécla (Islande) | | 1736 |
| Snowdon (P.té de Galles) | | 1184 |

— Volcans principaux —

L'Etna en Sicile — Le Vésuve près de Naples — Le Stromboli dans les Iles Lipari (Sicile) — L'Hécla en Islande.

## Fleuves principaux.

| Fleuves. | Embouchures. | Cours en Kilom. |
|---|---|---|
| Volga | Mer Caspienne | 3800 |
| Oural | Mer Caspienne | 2950 |
| Danube | Mer Noire | 2800 |
| Dnieper | Mer Noire | 1650 |
| Kama | Volga | 1500 |
| Rhin | Mer du Nord | 1380 |
| Loire | Océan Atlantique | 1188 |
| Elbe | Mer du Nord | 1100 |
| Vistule | Baltique | 1000 |
| Dwina | Mer Blanche | 970 |
| Oder | Baltique | 935 |
| Tage | Océan Atlantique | 900 |
| Guadiana | Océan Atlantique | 790 |
| Rhône | Méditerranée | 785 |
| Seine | Manche | 703 |
| Douro | Océan Atlantique | 650 |
| Niemen | Baltique | 670 |
| Pô | Adriatique | 560 |
| Ebre | Méditerranée | 540 |
| Guadalquivir | Océan Atlantique | 435 |
| Tamise | Mer du Nord | 185 |
| Tibre | Méditerranée | 48 |

L'Europe continentale est située entre 36.e et 71.e de latitude Nord, et entre 12.e de longitude Ouest et 62.e de longitude Est du méridien de Paris.

par le Docteur Ermete **PIEROTTI**, membre de plusieurs académies scientifiques

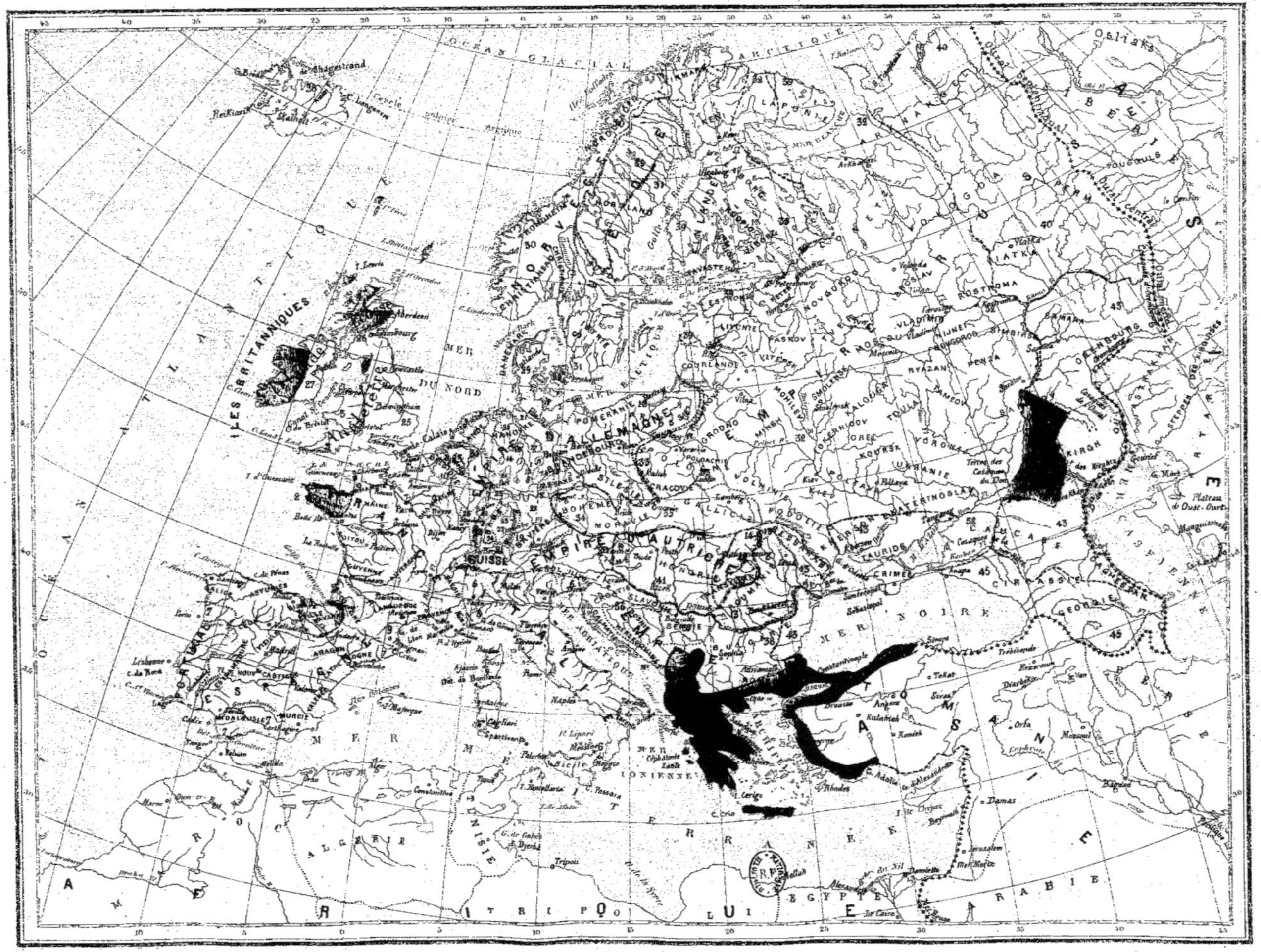

# Notions ethnographiques de l'Europe

## FAMILLES, RACES, NATIONALITÉS et LANGUES de L'EUROPE.

| Familles et Races 1. | Total des individus de chaque race. 2. | Pays, Provinces habités par chaque race. 3. | Population des races en chaque pays. 4. | Langues. 5. |
|---|---|---|---|---|
| **1. — Famille Aryane** | | | | |
| Race Germanique. | 51.519.000 | Confédération Germanique (moins l'Autriche et la Prusse) | 13.102.000 | allemand. |
| | | Hollande | 3.652.000 | néerlandais, flamand frison. |
| | | Belgique | 2.450.000 | flamand |
| | | Sleswig | 185.000 | plat-allemand, frison |
| | | Prusse | 16.200.000 | allemand |
| | | Autriche | 8.510.000 | |
| | | Iles Britanniques | 5.150.000 | anglais |
| | | Suisse | 1.230.000 | allemand-souabe |
| | | France | 1.140.000 | |
| | | Russie | 1.000.000 | allemand. |
| Race Scandinave. | 12.261.660 | Suède | 3.862.000 | suédois (dialectes peu différents de la langue gothique) |
| | | Norrège | 1.400.100 | norvégien |
| | | Danemark | 1.730.000 | danois |
| | | Islande | 67.400 | islandais |
| | | Sleswig | 259.160 | danois |
| | | Iles Britanniques | 4.610.000 | anglais |
| | | Russie | 270.000 | suédois. |
| Race Celtique. | 86.872.000 | France | 35.940.000 | français, bas-breton, souabe |
| | | Iles Britanniques | 21.625.000 | anglais, gymrique, carnique, irlandais, erse, maux |
| | | Belgique | 2.480.000 | français, wallon |
| | | Provces rhénanes | 2.180.000 | français, wallon, allemd |
| | | Suisse | 1.312.000 | français, allemand |
| | | Allemagne [Sud] | 3.120.000 | allemand, souabe. |
| | | Italie du Nord | 5.035.000 | piémontais |
| | | Péninsule Ibérique | 14.180.000 | espagnol, portugais |
| Race Italique. | 22.115.000 | Italie, Iles | 18.750.000 | italien |
| | | Autriche | 3.293.000 | dialectes italiens |
| | | Suisse | 72.000 | italien. |
| Race Pélasgique | 819.939 | Sardaigne | 560.139 | italien, calarietan |
| | | Corse | 259.800 | |
| Race Hellénique | 3.185.000 | Grèce, Iles Ioniennes | 2.000.000 | grec. |
| | | Turquie | 1.185.000 | |
| Race Albanaise | 1.650.000 | Albanie et prov. voisines | 1.050.000 | schypetar. |
| Race daco-slave ou roumaine | 8.360.000 | Roumanie, Turquie, Autriche, Russie | 8.360.000 | langue d'or. |
| Race Slave. | 43.353.023 | Polonais (Autriche), Prusse, Russie | 8.560.000 | polonais. |
| | | Ruthènes (Autriche, Russie) | 14.660.000 | ruthénien. |
| | | Lithuaniens (Russie) | 1.660.000 | samogitien, letton. |
| | | Serbes, Slavons, Croates (Autriche, Turquie) | 7.690.000 | slovène, serbe, Korouthane. |
| | | Slaves dispersés en Russie | 2.855.000 | moscovite (slave d'Eglise. |
| | | Tchèques (Bohême) | 3.468.000 | tchèque. |
| | | Slovaques et Moraves (Autriche) | 4.298.000 | slovaco-morave. |
| | | Serbo-Luzitces (Prusse et Saxe) | 170.025 | sorabe. |
| Celto-Basques | 6.080.000 | France | 1.000.000 | français. |
| | | Péninsle Ibérique | 5.080.000 | espagnol. |
| Basques propres. | 690.000 | France, Espagne | 690.000 | escuara. |
| **Groupes Slavo-Ouraliens** | | | | |
| Groupe moscovite | 38.600.810 | Russie | 38.600.810 | moscovite (slave d'Eglise |
| Groupe Bulgare. | 4.076.000 | Turquie | 4.076.000 | bulgaro-slave. |
| Race sémitique-Aryane. | 4.250.000 | Les Juifs en Europe | 4.250.000 | hébreu. |
| **II. — Famille Ouralienne.** | | | | |
| | 9.368.000 | Finlande | 1.420.000 | finlandais ou suomi |
| | | Russie | 2.800.000 | zyriaine, esthonien, etc. |
| | | Laponie | 14.000 | lapon, finlapon russo-lapon. |
| | | Hongrie | 5.126.000 | magyar. |
| **III. — Famille Turco-Tartare.** | | | | |
| | 4.929.000 | Turquie | 1.800.000 | turc, tartare. |
| | | Crimée et Russie | 3.129.000 | tartare, turc. |
| **IV. — Famille Mongole** | | | | |
| | 150.000 | Kalmouks | 150.000 | Kalmouck. |
| **V. — Romnichal (Tsiganes ou Bohémiens).** | | | | |
| | 375.000 | Turquie, Russie, Autriche, Espagne, Roumanie, etc. | 375.000 | romanes (d'origine hindoue). |
| Total | 297.654.432 | | 297.654.432 | |

## Classification des Peuples de l'Europe

[ Voir les numéros dans la carte ].

Ibères [Basques] 1

Gaulois:
- Armoricains 2
- Gallois 3
- Gaëls 4
- Erses 5

**Famille Latine**
- Italiens 6
- Espagnols 7
- Portugais 8
- Français 9
- Wallons (Belges) 10
- Suisses du Sud 11
- Suisses de l'Ouest 12
- Roumains 13
- Transylvanie (partie) 14

**Famille Hellénique**
- Grecs 15
- Grecs (Sud Turquie) 16
- Albanais 17

**Famille Germanique**
- Allemands (N. Alle) 18
- Allemands (Sud) 19
- Autriche 20
- Suisse du Nord 21
- Alsace 22
- Flamands (belges) 23
- Hollandais 24

**Anglo-Saxons.**
- Anglais 25
- Ecossais 26
- Irlandais 27

**Scandinaves.**
- Islandais 28
- Danois 29
- Norvégiens 30
- Suédois 31

**Famille Slave.**
- Russes 32
- Polonais 33
- Tchèques (Bohémiens) 34
- Slowaques 35
- Croates 36
- Serbes 37
- Bulgares 38

**Ougres ou Finnois.**
- Ougres 39
- Finnois 40
- Magyars 41
- Szeklers 42

Ottomans (Turcs) 43

Mongols 44

Peuples du Caucase 45

## Forme des Gouvernements.

La forme de gouvernement, qui régit presque toute l'Europe, est la monarchie héréditaire, constitutionnelle dans certains Etats, plus ou moins absolue dans d'autres.

4 empires : la Russie, l'Allemagne, l'Autriche et la Turquie.

13 royaumes : le royaume-uni de la grande-Bretagne et d'Irlande; le royaume-uni de Suède et de Norvége; le Danemark, la Belgique, la Hollande, la Prusse, la Saxe, la Bavière, le Wurtemberg, le Portugal, l'Espagne, l'Italie et la Grèce.

6 grands duchés; dans l'empire d'Allemagne.

5. duchés dans l'empire d'Allemagne.

12 principautés : 7 dans l'empe d'Allemagne, 3 vassaux de la Turquie, 1 en Autriche et 1 en Italie.

3 villes libres et hanséatiques : Hambourg, Brême et Lubeck dans l'Allemagne du Nord.

4 républiques : la France, la Suisse, San-Marino en Italie, Andorre et l'Espagne.

# Carte des Agrandissements successifs de la France

## *Tableau chronologique des Rois de France.*

### Mérovingiens.

| Chefs des Francs. | |
|---|---|
| Pharamond ? | 418 |
| Clodion | 428 |
| Mérovée | 448 |
| Childéric I | 458 |
| **Rois de France.** | |
| Clovis I | 481 |
| Childebert I | 511 |
| Clotaire I | 558 |
| Caribert | 562 |
| Chilpéric I | 567 |
| Clotaire II | 584 |
| Dagobert I | 628 |
| Clovis II | 638 |
| Clotaire III | 656 |
| Childéric II | 668 |
| Thierry I | 673 |
| Clovis III | 691 |
| Childebert II | 695 |
| Dagobert II | 711 |
| Clotaire IV | 715 |
| Chilpéric II | 716 |
| Thierry II | 721 |
| Interrègne de 5 ans | " |
| Childéric III | 742 |
| **Carlovingiens.** | |
| Pépin le bref | 752 |
| Charlemagne | 768 |
| Louis I, le débonnaire | 814 |
| Charles I, le chauve | 840 |
| Louis II, le bègue | 877 |
| Louis III et Carloman | 879 |
| Carloman | 882 |
| Charles II, le gros | 884 |
| Eudes (famille de Robert-le-fort) | 888 |
| Charles III, le simple | 898 |
| Raoul (famille de Bourgogne) | 923 |
| Louis IV, d'outremer | 936 |
| Lothaire | 954 |
| Louis V, le fainéant | 986 |
| **Dynastie capétienne.** | |
| Hugues Capet | 987 |
| Robert, le pieux | 996 |
| Henri I | 1031 |
| Philippe I | 1060 |
| Louis VI, le gros | 1108 |
| Louis VII, le jeune | 1137 |
| Philippe II, auguste | 1180 |
| Louis VIII, le lion | 1223 |
| Louis IX, le saint | 1226 |
| Philippe III, le hardi | 1270 |
| Philippe IV, le bel | 1285 |
| Louis X, le hutin | 1314 |
| Philippe V, le long | 1316 |
| Charles IV, le bel | 1322 |
| **Valois.** | |
| Philippe VI | 1328 |
| Jean, le bon | 1350 |
| Charles V, le sage | 1364 |
| Charles VI, le fou | 1380 |
| Charles VII, le victorieux | 1422 |
| Louis XI, le dissimulé | 1461 |
| Charles VIII, l'affable | 1483 |
| **Valois-Orléans.** | |
| Louis XII, père du peuple | 1498 |
| **Valois-Angoulême.** | |
| François I, père des lettres | 1515 |
| Henri II | 1547 |
| François II | 1559 |
| Charles IX | 1560 |
| Henri III | 1574 |
| **Bourbons.** | |
| Henri IV | 1589 |
| Louis XIII, le juste | 1610 |
| Louis XIV, le grand | 1643 |
| Louis XV, le bien-aimé | 1715 |
| Louis XVI | 1774 |
| **Première République** | 1792 |
| Louis XVII | " |
| **Empire** | |
| Napoléon I | 1804 |
| **Bourbons** | |
| Louis XVIII | 1814 |
| Charles X | 1824 |
| **Orléans** | |
| Louis-Philippe I | 1830 |
| **2e République** | 1848 |
| **Empire** | |
| Napoléon III | 1852 |
| **3e République** | 1870 |

## Agrandissements successifs de la France depuis Hugues-Capet.

| Provinces | Départements | Faits historiques. |
|---|---|---|
| Alsace | Ht Rhin, Bs Rhin | conquis par Louis XIV, 1648 (perdu après la bataille de Sédan, 1870.) |
| Angoumois | Charente | conquise de Charles V, 1372, et reconquis par Charles VII |
| Anjou | Maine-et-Loire | confisqué par Philippe II, 1204; réuni par Louis XI, 1482 |
| Artois | Pas-de-Calais | conquis par Louis XIII, et réuni par Louis XIV, 1652 |
| Aunis | Charente-inf. | conquête de Charles V 1372 |
| Auvergne | Allier, Puy-de-Dôme | Confisqué sous François Ier, 1522, réuni, 1531 |
| | Cantal, Hte Loire | cession à Louis XIII, 1610. par héritage de Philippe III, 1271 |
| Bearn | Basses-Pyrénées | par l'avènement d'Henri IV, 1589 |
| Berry | Indre, Cher, Loiret | réuni après la mort de la princesse Louise, sous Henri IV, 1601 |
| Bourbonnais. | Allier | par confiscation sous François Ier, 1531 |
| Bourgogne | Yonne, Côte-d'Or, Saône-et-Loire | par la mort de Charles-le-téméraire, sous Louis XI, 1477 |
| | Ain | cédé par traité à Henri IV 1601 |
| Bretagne | Côtes-du-Nd, Finistère, Ille-et-Vilaine, Loire-inf, Morbihan | par le mariage de Charles VII avec Anne de Bretagne, 1492. Réuni sous François I, 1532 |
| Champagne | Ardennes, Aube, Marne, Hte Marne | par mariage de Philippe IV, 1284; réunion par Jean-le-bon, 1361 |
| | Yonne | par héritage de Louis XI, 1477 |
| Comté de Foix | Ariége | par l'avènement d'Henri IV, 1589 |
| Comté de Nice | Alpes-maritimes | annexé par Napoléon III, 1860 |
| Comtat-Venaissin | Vaucluse | en partie par Louis XI, 1481; en partie par la République, 1792 |
| Corse | Corse | cédée par les Génois à Louis XV; réuni, 1768 |
| Dauphiné | Isère, Drôme, Htes Alpes | par cession à Jean, fils aîné de Philippe VI, 1343 |
| Flandre | Nord | Conquête de Louis XIV 1665. |
| Franche-Comté | Hte Saône, Doubs, Jura | par conquête de Louis XIV, 1674 |
| Gascogne | Haute Garonne | par héritage de Philippe III, 1271 |
| | Landes | par conquête de Charles VII, 1453 |
| | Ariége, Gers, H. Pyrénées | par l'avènement d'Henri IV, 1589 |
| Guyenne | Tarn-et-Garonne | par héritage de Philippe III, 1271 |
| | Lot-et-Garonne, Lot, Gironde | par conquête de Charles VII sur les Anglais, 1453 |
| | Aveyron, Dordogne | par l'avènement d'Henri IV, 1589 |
| Isle-de France | Seine-et-Mne, Seine-et-Oise, Seine, Loiret, Oise | Domaine royal d'Hugues-Capet, 987 |
| | Aisne | réuni par Louis XI, 1463 |
| Languedoc | Ht Loire, Ardèche, Lozère, Gard, Hérault, Tarn, Aude | par héritage de Philippe III, 1271. |
| | H. Garonne, Ariége | par l'avènement d'Henri IV, 1589. |
| Limousin | H. Vienne, Corrèze | conquête sur les Anglais, sous Charles V, 1365. |
| | Creuse | par confiscation sous Philippe IV, 1309; réunie sous François I. |
| Lorraine | Moselle, Meuse, Vosges, Meurthe | par la mort de Stanislas de Pologne, sous Louis XV, 1766 (partie de la Moselle, de la Meurthe et des Vosges perdue en 1871.) |
| Lyonnais | Rhône, Loire | par confiscation de François I, 1522; réuni en 1531. |
| Maine | Mayenne, Sarthe | Confisqué par Philippe II, 1204; réuni par Louis XI, 1482 |
| Marche | Creuse | confiscation sous Philippe IV, 1309; réuni 1525 |
| | H. Vienne | conquête de Charles V, 1365 |
| Nivernais | Nièvre | par l'extinction de la Féodalité sous Louis XIV, 1665. |
| Normandie | Calvados, Manche, Seine-inf. | par conquête de Philippe II, 1204; réuni sous Louis XI. |
| | Eure, Orne | par réversion sous François I, 1526; réuni en 1584. |
| Orléanais | Loir-et-Cher | réuni s. Charles VI, 1391. |
| | Loiret | en partie, réuni après la mort de la Princesse Louise, 1601. |
| | Eure-et-Loir | réuni s. Franç. I, 1526 |
| Picardie | Pas-de-Calais | par mariage de Philippe II, 1180; réuni par Louis XIV, 1678. |
| | Somme, Aisne | par conquête de Charles VII; réuni par Louis XI, 1463. |
| Poitou | Vendée, Vienne, Deux Sèvres | conquête sur les Anglais par Philippe II, 1205; r. par Charles VII, 1432. |
| Provence | Bs Alpes, Var, B. du Rhône | par héritage de Louis XI, 1482, réuni sous Charles VIII, 1486. |
| | Vaucluse | Voir Comté de Nice. |
| | Alpes mes | Voir Comtat-Venaissin. |
| Roussillon | Pyrénées orientales | par conquête de Louis XIV, 1642, réuni, 1659. |
| Saintonge | Charte infre | conqte de Charles V, 1372. |
| Savoie | Hte Savoie, Savoie | annexée par Napoléon III, par suite de la guerre d'Italie, 1860. |
| Touraine | Indre et-Loire | confisqué sur les Anglais par Philippe II, 1204, réuni, 1583. |

7

# Départements de la France.

| Départements et la classe de la Préfecture. | | Chef-lieu et sa population. | | Hectares. | Population |
|---|---|---|---|---|---|
| Ain | 3 | Bourg | 13.760 | 584.822 | 371.643 |
| Aisne | 2 | Laon | 10.270 | 735.774 | 565.025 |
| Allier | 3 | Moulins | 19.010 | 742.272 | 376.164 |
| Alpes (Bses) | 3 | Digne | 7.008 | 690.919 | 143.783 |
| Alpes (Htes) | 3 | Gap | 8.170 | 553.416 | 122.117 |
| Alpes Mar.es | 1 | Nice | 50.200 | 383.900 | 198.818 |
| Ardèche | 3 | Privas | 2.206 | 552.665 | 387.174 |
| Ardennes | 3 | Mézières | 5.820 | 523.289 | 326.864 |
| Ariège | 3 | Foix | 6.760 | 478.401 | 250.436 |
| Aube | 3 | Troyes | 35.680 | 602.212 | 261.951 |
| Aude | 3 | Carcassonne | 22.180 | 631.667 | 288.626 |
| Aveyron | 3 | Rodez | 12.042 | 889.481 | 400.070 |
| Bches du Rhône | 1 | Marseille | 304.160 | 601.960 | 547.903 |
| Calvados | 2 | Caen | 41.560 | 551.947 | 474.909 |
| Cantal | 3 | Aurillac | 11.000 | 574.146 | 237.994 |
| Charente | 3 | Angoulême | 25.150 | 588.805 | 378.218 |
| Charente Inf. | 2 | La Rochelle | 18.726 | 716.814 | 489.559 |
| Cher | 2 | Bourges | 30.119 | 740.126 | 336.613 |
| Corrèze | 3 | Tulle | 12.608 | 586.621 | 310.843 |
| Corse | 2 | Ajaccio | 14.560 | 874.741 | 259.861 |
| Côte-d'Or | 2 | Dijon | 39.215 | 876.956 | 382.762 |
| Côtes-du-Nord | 2 | St Brieuc | 15.820 | 744.073 | 641.310 |
| Creuse | 3 | Guéret | 5.126 | 556.830 | 274.057 |
| Dordogne | 3 | Périgueux | 20.400 | 915.000 | 502.673 |
| Doubs | 2 | Besançon | 46.970 | 522.895 | 298.072 |
| Drôme | 3 | Valence | 20.180 | 653.557 | 324.231 |
| Eure | 2 | Evreux | 12.330 | 591.261 | 394.567 |
| Eure-et-Loir | 3 | Chartres | 21.380 | 586.921 | 290.763 |
| Finistère | 3 | Quimper | 12.540 | 667.668 | 662.485 |
| Gard | 2 | Nîmes | 60.240 | 582.867 | 429.747 |
| Garonne (H) | 1 | Toulouse | 126.936 | 629.601 | 493.777 |
| Gers | 3 | Auch | 12.500 | 627.870 | 295.692 |
| Gironde | 1 | Bordeaux | 196.240 | 1.082.552 | 701.855 |
| Hérault | 2 | Montpellier | 55.610 | 630.935 | 427.245 |
| Ille-et-Vilaine | 2 | Rennes | 49.200 | 672.848 | 592.609 |
| Indre | 3 | Châteauroux | 17.170 | 701.661 | 277.860 |
| Indre-et-Loire | 2 | Tours | 42.450 | 611.679 | 325.193 |
| Isère | 2 | Grenoble | 40.480 | 841.230 | 581.386 |
| Jura | 3 | Lons-le-Saulnier | 9.950 | 503.364 | 298.477 |
| Landes | 3 | Mont-de-Marsan | 8.460 | 933.387 | 306.693 |
| Loir-et-Cher | 3 | Blois | 20.100 | 635.092 | 275.757 |
| Loire | 1 | St Étienne | 96.620 | 477.018 | 537.108 |
| Loire (Hte) | 3 | Le Puy | 19.540 | 495.784 | 312.661 |
| Loire Infre | 1 | Nantes | 112.950 | 687.441 | 598.598 |
| Loiret | 2 | Orléans | 49.100 | 676.512 | 357.110 |
| Lot | 3 | Cahors | 14.120 | 598.406 | 288.919 |
| Lot-et-Garonne | 2 | Agen | 18.250 | 534.698 | 327.962 |
| Lozère | 3 | Mende | 6.458 | 516.666 | 137.362 |
| Maine-et-Loire | 2 | Angers | 54.700 | 712.567 | 532.325 |
| Manche | 2 | St Lô | 9.700 | 577.178 | 573.899 |
| Marne | 3 | Châlons | 17.720 | 818.036 | 390.829 |
| Marne (H) | 3 | Chaumont | 8.290 | 625.403 | 259.096 |
| Mayenne | 3 | Laval | 27.190 | 516.200 | 367.855 |
| Meurthe-et-Moselle | 1 | Nancy | 47.930 | 524.398 | 366.617 |
| Meuse | 3 | Bar-le-Duc | 15.338 | 620.556 | 301.653 |
| Morbihan | 3 | Vannes | 14.560 | 681.704 | 501.084 |
| Nièvre | 3 | Nevers | 20.700 | 686.619 | 342.773 |
| Nord | 1 | Lille | 156.742 | 567.863 | 1.392.041 |
| Oise | 2 | Beauvais | 15.310 | 585.067 | 401.274 |
| Orne | 3 | Alençon | 16.118 | 610.068 | 414.618 |
| Pas-de-Calais | 2 | Arras | 25.750 | 660.426 | 749.777 |
| Puy-de-Dôme | 2 | Clermont-F. | 37.705 | 800.679 | 571.690 |
| Pyrénées (B) | 2 | Pau | 24.580 | 752.513 | 435.486 |
| Pyrénées (H) | 3 | Tarbes | 15.660 | 464.531 | 240.258 |
| Pyrénées (Or.) | 3 | Perpignan | 25.260 | 413.558 | 189.490 |
| Rhin (Haut) territ. de Belfort | » | Belfort | 8.450 | 60.826 | 56.971 |
| Rhône | 1 | Lyon | 330.950 | 285.768 | 678.648 |
| Saône (Hte) | 3 | Vesoul | 7.620 | 531.000 | 317.706 |
| Saône-et-Loire | 2 | Mâcon | 18.396 | 856.410 | 600.006 |
| Sarthe | 3 | Le Mans | 45.280 | 621.450 | 463.619 |
| Savoie | 2 | Chambéry | 18.322 | 575.920 | 271.663 |
| Savoie (Hte) | 3 | Annecy | 11.560 | 431.715 | 273.768 |
| Seine | 1 | Paris | 1.859.000 | 47.500 | 2.150.916 |
| Seine-Infre | 1 | Rouen | 101.500 | 603.463 | 792.768 |
| Seine-et-Marne | 2 | Melun | 11.430 | 588.575 | 354.400 |
| Seine-et-Oise | 1 | Versailles | 44.022 | 560.537 | 533.727 |
| Sèvres (deux) | 3 | Niort | 20.780 | 599.964 | 333.155 |
| Somme | 1 | Amiens | 61.064 | 615.985 | 578.640 |
| Tarn | 3 | Albi | 16.598 | 574.859 | 355.513 |
| Tarn-et-Garonne | 3 | Montauban | 25.990 | 371.764 | 228.969 |
| Var | 3 | Draguignan | 9.830 | 599.477 | 308.550 |
| Vaucluse | 2 | Avignon | 36.407 | 356.640 | 266.091 |
| Vendée | 3 | Roche-s-Yon | 8.780 | 671.528 | 404.473 |
| Vienne | 2 | Poitiers | 31.035 | 697.501 | 324.527 |
| Vienne (Hte) | 2 | Limoges | 53.030 | 551.733 | 326.037 |
| Vosges | 3 | Epinal | 11.876 | 587.656 | 397.981 |
| Yonne | 3 | Auxerre | 15.506 | 736.916 | 372.589 |
| Troupes en Algérie et dans les colonies | » | | | | 185.000 |
| Total | | | | 52.902.631 | 36.605.958 |

## Pays cédés à la Prusse en 1871.

| Départements | Indications. | Population |
|---|---|---|
| Bas-Rhin | (Strasbourg .. h. 85.170) | 588.970 |
| Haut-Rhin | moins une partie de l'arrondissement de Belfort (Colmar .. h. 23.670) | 472.918 |
| Moselle | moins l'arrondissement de Briey, et une partie du Canton de Gorze (Metz .. h. 56.816) | 387.646 |
| Meurthe | partie de l'arrondissement de Château-Salins et de Sarrebourg, et dans les (+) | |
| (+) Vosges | 18 communes de l'arrondissement de St Dié | 131.645 |

Total de la population ........ 1.581.179

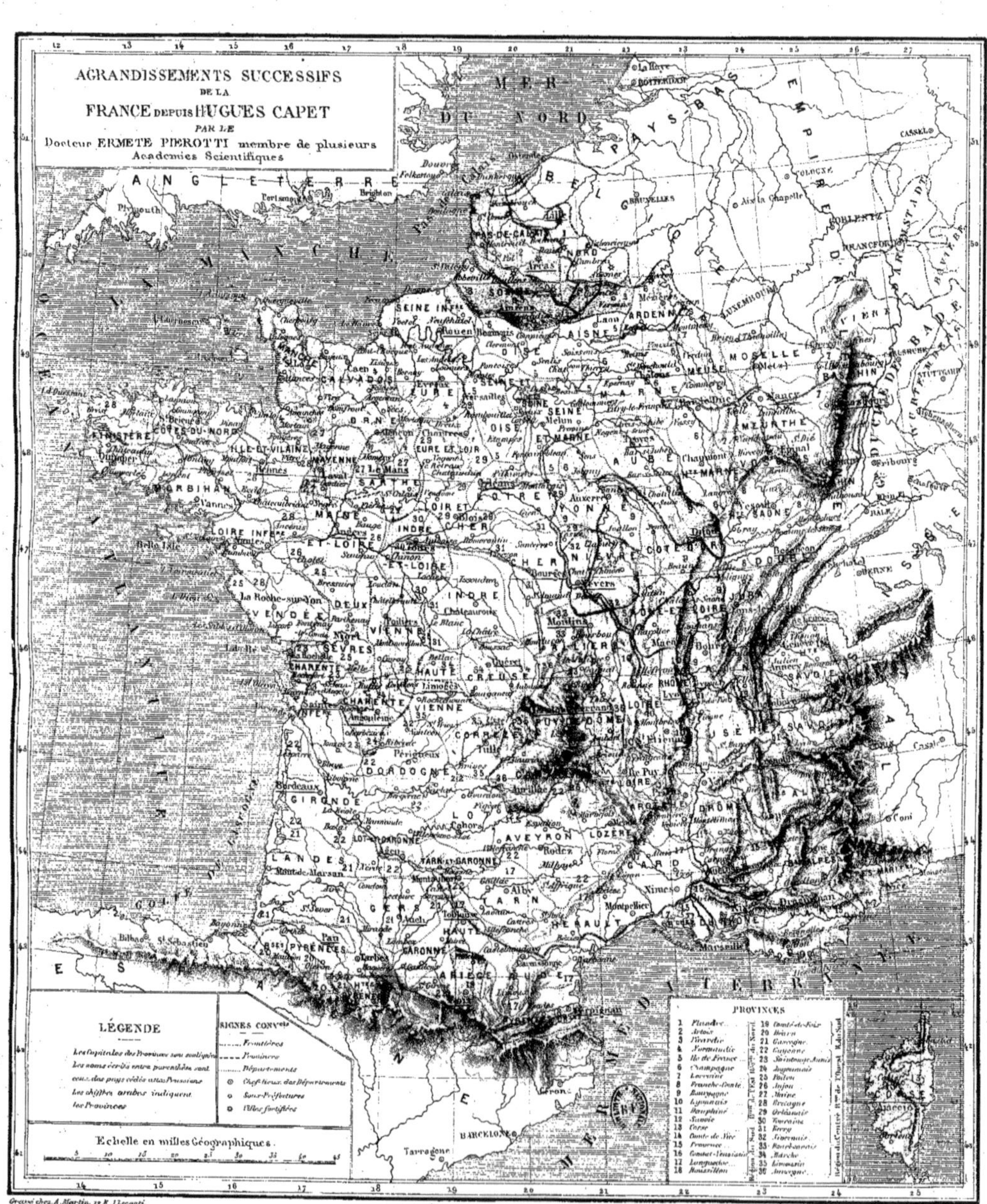
AGRANDISSEMENTS SUCCESSIFS
DE LA
FRANCE DEPUIS HUGUES CAPET
PAR LE
Docteur ERMETE PIEROTTI membre de plusieurs
Academies Scientifiques
MER DU NORD
ANGLETERRE
LÉGENDE
Les Capitales des Provinces sont soulignées
Les noms écrits entre parenthèses sont
ceux des pays cédés aux Prussiens
Les chiffres arabes indiquent
les Provinces
SIGNES CONV^tels
Frontières
Provinces
Départements
Chef-lieux des Départements
Sous-Préfectures
Villes fortifiées
Echelle en milles Géographiques
PROVINCES
1 Flandre
2 Artois
3 Picardie
4 Normandie
5 Ile de France
6 Champagne
7 Lorraine
8 Franche-Comté
9 Bourgogne
10 Lyonnais
11 Dauphiné
12 Savoie
13 Corse
14 Comté de Nice
15 Provence
16 Comtat-Venaissin
17 Languedoc
18 Roussillon
19 Comté-de-Foix
20 Béarn
21 Gascogne
22 Guyenne
23 Saintonge Aunis
24 Angoumois
25 Poitou
26 Anjou
27 Maine
28 Bretagne
29 Orléanais
30 Touraine
31 Berry
32 Nivernais
33 Bourbonnais
34 Marche
35 Limousin
36 Auvergne
Gravé chez A. Martin
Lith. Ch. Chauvin, 8, Rue d'Ulm

# Carte physique de la France. — Cours des Fleuves.

La Seine prend sa source du mont Tasselot, près du village de Champeaux (Côte-d'Or), elle arrose une partie de la Côte d'Or, de l'Aube, de la Seine-et-Marne, de la Seine-et-Oise, de l'Eure, de la Seine-Inférieure, et après un cours de 703 Kil., elle se jette dans la Manche entre le Hâvre et Honfleur, situés à son embouchure. Dans sa course, la Seine, passe par Troyes, Melun, Paris, Saint-Denis, Saint-Germain, Elbeuf, Rouen, etc.

Les principaux affluents que reçoit la Seine sont, sur la rive droite; l'Aube, la Marne, l'Oise grossie de l'Aisne, sur la rive gauche: l'Yonne, grossie par le Serain, le Loing, l'Eure et la Rille.

La Loire prend sa source dans les Cévennes septentrionales au mont Gerbier-des-Jones, elle arrose l'Ardèche, la Haute Loire, la Loire, la Saône-et-Loire, l'Allier, la Nièvre, le Cher, le Loiret, le Loir-et-Cher, l'Indre-et-Loire, le Maine-et-Loire, la Loire-Inférieure, et après un cours de 1188 Kil., se jette dans l'Océan Atlantique.

Les principales villes baignées par la Loire sont: Roanne, Nevers, la Charité, Briare, Gien, Orléans, Blois, Tours, Saumur, St Florent, Nantes, et Paimbœuf près de son embouchure.

Les plus importantes rivières qui se jettent dans la Loire, sont sur la rive droite: le Furens, qui alimente les usines de St Etienne, l'Arroux, l'Aron, la Nièvre, la Maine grossie par la Mayenne, et la Sarthe, dans laquelle se versent le Loir et l'Edre, sur la rive gauche: le Dore et la Sioule, le Loiret, le Cher grossi par la Sauldre et l'Arnon, l'Indre, la Vienne grossie par la Creuse, le Thoué, la Sèvre-Nantaise et la Boulogne.

La Garonne prend sa source au Val-d'Arran, situé dans les Pyrénées Espagnoles, traverse la Haute-Garonne, le Tarn-et-Garonne, le Lot-et-Garonne et la Gironde. Au bec d'Ambez, elle se réunit à la Dordogne, prend le nom de Gironde et se jette dans l'Océan Atlantique. Le cours de la Garonne et Gironde est de 582 Kil., dont 46 sont sur le territoire Espagnol.

La Garonne passe par Toulouse, Agen, Marmande, la Réole, Bordeaux et à Blaye sous le nom de Gironde.

Les grands affluents, qui se versent dans la Garonne, sont, sur sa rive droite: l'Ariège, le Tarn grossi par l'Aveyron, le Lot, la Dordogne, qui naît au Mont-Dore, dans la chaîne de l'Auvergne et est grossie par le Vézère, qui reçoit la Corrèze, l'Isle où coule la Dronne; sur la rive gauche: la Save, le Gimone, le Gers et la Bayse.

Le Rhône sort du mont Foca., dans le massif du St Gothard et du glacier de Galenstock en Suisse; il alimente et traverse le lac de Genève, continue son cours jusqu'à la Méditerranée en touchant la Haute-Savoie, la Savoie, l'Ain, le Rhône, la Loire, l'Isère, l'Ardèche, la Drôme, le Vaucluse, le Gard et les Bouches-du-Rhône. Son cours est de 785 Kil. dont 262 en Suisse.

Les villes les plus remarquables, arrosées par le Rhône, sont, en Suisse: Sion, St Maurice et Genève; en France: Lyon, Givors, Vienne, Tournon, Valence, Viviers, Pont-St-Esprit, Avignon, Beaucaire, Tarascon et Arles.

Les principales rivières, qui affluent dans le Rhône, sont, sur la rive droite: l'Ain, la Saône, grossie du Doubs et de l'Oignon, l'Ardèche, la Cèze, et le Gard, sur la rive gauche: l'Arve, le Fier, qui sort du lac d'Annecy, le Bourget prend ses eaux du lac du même nom, la Bourbre, l'Isère grossi du Drac, la Drôme, l'Ouvèze grossie de la Sorgues, qui descend de la fontaine de Vaucluse, la Durance grossie par le Buerh, la Bléane et le Verdon.

---

Les deux fleuves, qui ont en France un parcours de peu d'étendue, sans y avoir leur embouchure, sont la Meuse et l'Escaut. — Le Rhin, autre grand fleuve, arrose l'Alsace, devenue, pour le moment, province de l'empire d'Allemagne.

La Meuse prend sa source des Faucilles (Hte Marne), coule dans les Vosges, la Meuse et les Ardennes, où elle sort de France au-dessous de Givet, pour entrer en Belgique, d'où elle passe en Hollande pour se jeter dans la mer du Nord. — Les affluents français de la Meuse sont le Vair et la Sambre, qui continue sa course en Belgique.

Les principaux endroits arrosés par la Meuse sont: Neufchâteau, Commercy, St Mihiel, Verdun, Stenay, Mézières, Fumay, Charlemont et Givet.

L'Escaut arrose le Sud du département du Nord, et après avoir traversé Cambrai, Bouchain, Valenciennes et Condé, il entre en Belgique, continue son cours en Hollande et se jette dans la mer du Nord. Les affluents de l'Escaut, en France, sont: la Scarpe et la Lys, qui arrose encore la Belgique.

Le Rhin, qui était français sur la partie Ouest de l'Alsace, pour l'instant appartient à l'Allemagne, ce fleuve prend ses sources en Suisse dans les Cantons des Grisons et du Tessin, ses affluents, du côté de l'Alsace, sont: l'Ill, la Lauter et une partie du cour de la Moselle, qui est grossie de la Meurthe et d'une partie de la Sarre.

---

## Fleuves côtiers principaux.

Les fleuves, qui se jettent dans la Manche, sont: la Liane à Boulogne, la Canche, qui arrose Montreuil, la Somme, qui baigne Péronne, Amiens, et Abbeville, l'Arques à Dieppe, la Touque à Trouville, l'Orne, qui baigne Argentan et Caen; la Vire, qui passe à Vire et à St-Lô; le Rance, qui arrose Dinan, le Trieux près de St Brieuc.

Les fleuves ayant leur embouchure dans l'Océan Atlantique sont: l'Aube, qui se jette dans la baie de Brest; l'Ode à Quimper, la Vilaine, grossie par l'Ille à Rennes, et par l'Oust à Redon, le Lay, grossi par le Yon, qui baigne la Roche; la Sèvre de Niort, grossie par la Vendée, la Charente, dont l'embouchure est si profonde qu'on a formé un port militaire à Rochefort, à Saintes, elle est grossie par la Ségue, et par la

Boutonne, la Leyre, qui descend dans le bassin d'Arcachon ; l'Adour, qui sort des monts de Bigorre, passe par Bagnères, Tarbes, Aire, St Sever, Dax et se jette dans la mer au-dessous de Bayonne ; durant son cours, il est grossi par la Douze, qui baigne Mont-de-Marsan, par Luy-de-France, par les Gaves de Pau et d'Oléron ; la Nive ; et enfin la Bidassoa à la frontière de France et d'Espagne. Les fleuves, qui se jettent dans la Méditerranée sont : la Roya, limite de la France et de l'Italie ; le Var, à l'ouest de Nice ; l'Argens, à proximité de Fréjus ; l'Arc ; l'Hérault, qui traverse Pézenas et Agde ; l'Orb baignant Béziers ; l'Aude passant par Limoux et Carcassonne ; le Tet, au Nord de Perpignan ; le Tech, au Sud de Perpignan.

Les fleuves, ci-dessus mentionnés, sont les principaux cours d'eau, qui plus ou moins sont navigables, d'autres sont de moindre importance, mais toujours à même de recevoir de légers bateaux, des radeaux et des bûches de bois : Il y a en France près de quatre mille et huit cents cours d'eau, torrents ou ruisseaux utilisés à faire tourner toutes sortes de machines et qui, au moyen des irrigations, servent à féconder les terrains.

## Les Lacs.

Les seuls lacs qui méritent d'être mentionnés sont : le lac de Grand-Lieu dans le département de la Loire-Inférieure ; les étangs de Carcans et de la Canau dans la Gironde, de Sanguinet et de Parantis dans les Landes ; le lac d'Annecy dans la Haute-Savoie, celui du Bourget en Savoie.

## Les Eaux minérales.

Les chiffres, tracés sur la carte physique de la France, indiquent la quantité de sources minérales, qui se trouvent dans chaque département. Voici les plus renommées :

| Noms des Eaux. | Départements. | Composition chimique. | Température. |
|---|---|---|---|
| Aix | Haute-Savoie | 2 sources, l'une sulfureuse (+). l'autre d'alun | (+) 46° |
| Aix | Bouches-du-Rhône | Alcalines | 35° |
| Amand (Saint) | Nord | (Boues) Sulfatées calciques | Tièdes |
| Bagnères-de-Bigorre | Hautes-Pyrénées | Plusieurs sources, sulfurées, sulfatées, arsénicales, ferrugineuses | 13 à 51° |
| Bagneres-de-Luchon | Haute-Garonne | 48 sources sulfureuses | 34 à 60° |
| Balaruc | Hérault | Salines chlorurées | 40° |
| Baréges | Hautes-Pyrénées | 8 sources sulfurées-sodiques | 31 à 45° |
| Bourbon-l'Archambault | Allier | Salines chlorurées | 51 à 52° |
| Bourbon-Lancy | Saône-et-Loire | Salines chlorurées | 28 à 56° |
| Bourbonne-les-bains | Haute-Marne | Salines | 50 à 66° |
| Chamounix | Haute-Savoie | Sulfureuses | Froides |
| Eaux-Bonnes | Hautes-Pyrénées | Sulfureuses | 32° centigr. |
| Eaux-Chaudes | Hautes-Pyrénées | Sulfureuses | 32° centigr. |
| Enghien-les-bains | Seine-et-Oise | Sulfureuses calcaires | Froides |
| Evian | Haute-Savoie | Alcalines | Froides. |
| Forges-les-bains | Seine-Inférieure | Ferrugineuses | froides. |
| Mont-Dore | Puy-de-Dôme | 7 sources salines | 16 à 42° centig |
| Plombières | Vosges | Alumineuses. | chaudes |
| Pazzichello | Corse | Sulfureuses | froides. |
| Vichy | Allier | Alcalines-gazeuses. | |

## Montagnes.

En indiquant les principales chaînes de montagnes de la France, je citerai les sommités les plus remarquables.

Les Pyrénées .... entre la France et l'Espagne :

- la Vignemale ........ mètres 3350 } B[ses] Pyrénées
- le Pic du Midi d'Ossau ....... 2978 }
- le Posets ........ 3486 H[tes] Pyrénées
- Mont Maudit ou de Nethou .... 3480 H[te] Garonne
- Mont Perdu ........ 3406 H[tes] Pyrénées
- Pic de Corlitte ........ 2925 } Pyrénées Orientales
- Mont Canigou ........ 2784 }

Les Corbières occidentales, dont la hauteur est considérable au Pic de Corlitte, elles diminuent rapidement jusqu'à l'extrémité Nord du Col de Neurouze dont l'élévation est de 190[m] sur la mer (Pyrénées Orientales et Aude).

Les Cévennes
- Mont Mézenc ........ 1760 H[te] Loire
- Mont Lozère ........ 1586 Lozère
- Le Jerbier des Joncs ........ 1560 Ardèche
- Monts Gévaudan ........ 1295 } Lozère
- Monts du Garrigues ........ 1206 } Gard

Les montagnes de l'Auvergne.
- Le Mont Dore ........ 1896 Puy-de-Dôme
- Le Plomb du Cantal ........ 1858 } Cantal
- Le Mont-du Puy-de-Dôme ..... 1466 } Puy-de-Dôme

La Côte d'Or, et le plateau de Langres ....... sont de belles chaînes pittoresques et couvertes de vignobles ; leur hauteur moyenne est de 450 à 500 mètres (Côte-d'Or, H[te] Marne).

Les Faucilles à l'extrémité N de la H[te] Saône. La trouée de Béfort se trouve dans cette petite chaîne de montagnes.

Le Jura ........ entre la Franche-Comté et la Suisse contient le Dôle ........ 1688 Doubs.

Les Vosges ...... entre la Lorraine et l'Alsace (pour le moment une grande étendue appartient à l'empire d'Allemagne), le sommet principal de cette chaîne est le ballon d'Alsace ........ 1402 H[t] Rhin

Les Alpes entre la France et l'Italie.
- Mont Blanc (en partie) 4800
- Mont-Pelvoux ........ 4680
- Mont Viso ........ 3840
- Mont Genèvre ........ 3590
- Mont Ventoux ........ 1985

} sont situés sur les frontières de la France et de l'Italie.

Monts de la Corse, parmi lesquels on distingue le Monte Rotondo 2670.

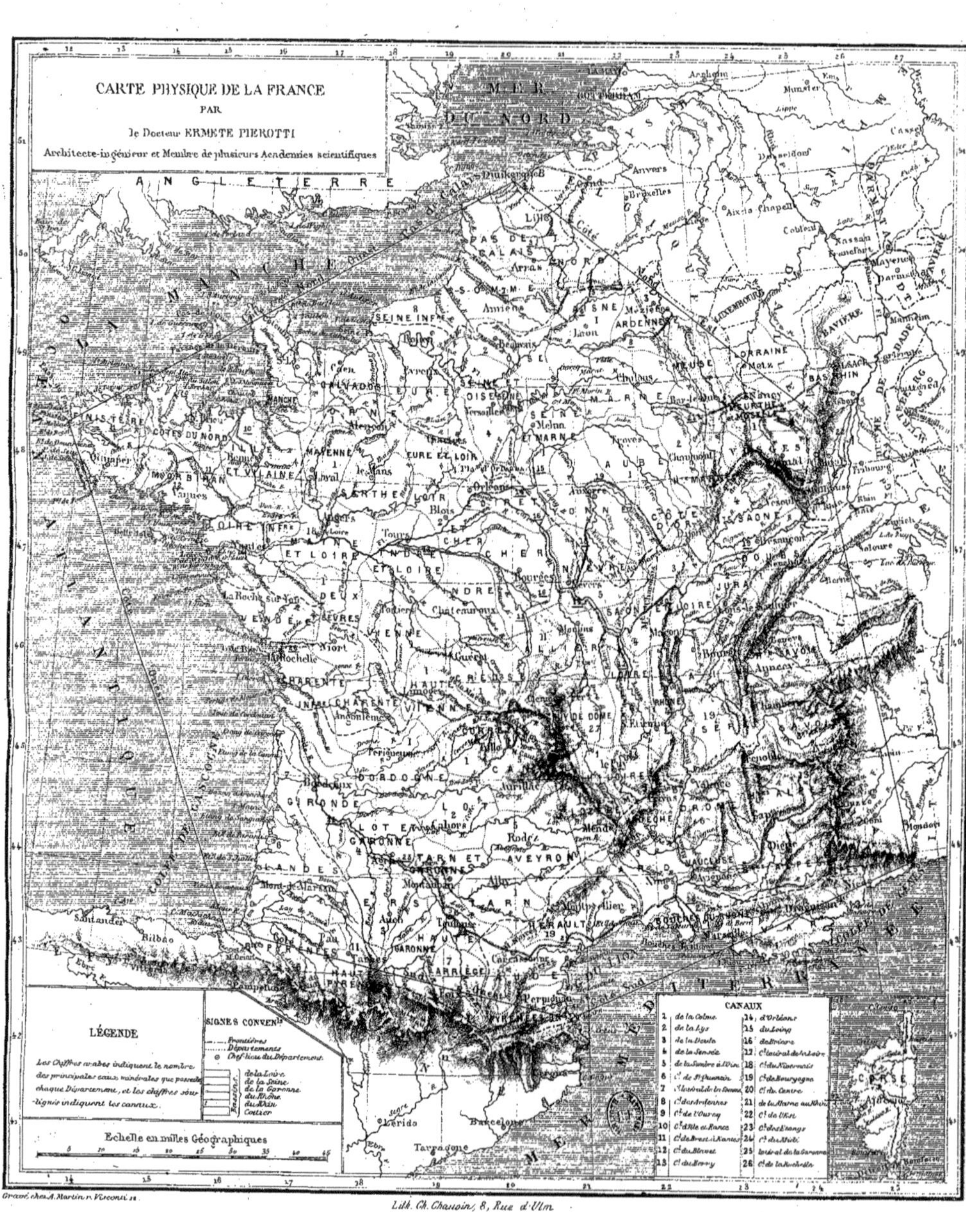
CARTE PHYSIQUE DE LA FRANCE
PAR
le Docteur ERMETE PIEROTTI
Architecte-ingénieur et Membre de plusieurs Academies scientifiques
ANGLETERRE
MER DU NORD
MANCHE
OCEAN ATLANTIQUE
GOLFE DE GASCOGNE
MER MÉDITERRANÉE
LÉGENDE
Les Chiffres arabes indiquent le nombre des principales eaux minérales que possède chaque Département, et les chiffres soulignés indiquent les canaux.
SIGNES CONVENtls
Frontières
Départements
Chef-lieu du Département
Bassins
de la Loire
de la Seine
de la Garonne
du Rhône
du Rhin
Cotier
Echelle en milles Géographiques
CANAUX
1 de la Colme
2 de la Lys
3 de la Deule
4 de la Sensée
5 de la Sambre à l'Oise
6 Cl de St Quentin
8 Cl des Ardennes
9 Cl de l'Ourcq
10 Cl d'Ile et Rance
11 Cl de Brest à Nantes
12 Cl du Blavet
14 d'Orléans
15 du Loing
16 de Briare
19 Cl de Bourgogne
20 Cl du Centre
21 de la Marne au Rhin
22 Cl de l'Est
23 Cl des Etangs
24 Cl du Midi
25 latéral de la Garonne
26 Cl de la Rochelle
Gravé chez A. Martin r. Visconti 18
Lith. Ch. Chauvin, 8, Rue d'Ulm

# Carte des Chemins de fer de la France.

## Chemins de Fer.

La France possède plus de 15800 Kilom. de chemins de fer, qui ont coûté environ six milliards et demi; Le territoire Français sera probablement sillonné de 22000 Kilom. de chemins de fer indispensables à l'industrie, l'agriculture, le commerce et les communications. – Six grandes compagnies existent en France, savoir: du Nord, de l'Est, de Paris-Lyon-Méditerranée, de l'Ouest, d'Orléans, et du Midi. Les cinq premières ont leur centre à Paris, la sixième à Bordeaux. Je parlerai seulement de ces lignes principales.

## Nord

Le chemin de fer du Nord comprend trois lignes principales, de Paris à Boulogne et Calais, de Paris à Calais et Dunkerque, de Paris à Maubeuge, et une secondaire de Paris à Laon. Toutes ont plusieurs embranchements, qui desservent des localités importantes pour le commerce et l'industrie. – Ces quatre lignes sont reliées entre elles et aux chemins de fer de l'Est et de l'Ouest par une ligne transversale, qui va de Laon à Tergnier, puis à Amiens et à Rouen. – Ces lignes mettent la France en communication plus directe et plus expéditive avec l'Angleterre et les ports de la mer du Nord, avec toute la Belgique, et en conséquence avec l'Europe occidentale et septentrionale.

## Est

Le chemin de fer de l'Est est entièrement continental, il comprend deux lignes principales: de Paris à Strasbourg, et de Paris à Mulhouse; mais depuis la guerre de 1870-71, les lignes d'Avricourt à Strasbourg, et de Belfort à Mulhouse appartiennent, pour le moment, à l'administration allemande. C'est avec les lignes de l'Est que la France se met en communication avec l'Allemagne et la Suisse, de sorte que les voyageurs, qui redoutent la mer, peuvent, en peu de jours, arriver à Constantinople par Vienne, le Danube et quelques heures de mer.

## Paris Lyon Méditerranée.

Ce chemin de fer est le plus important de la France par son extension, par les pays agricoles et commerciales qu'il traverse et enfin par sa communication avec la Méditerranée où quantité de navires et de paquebots, spécialement ceux des Messageries Nationales Françaises (les plus confortables de l'Europe), mettent la France en correspondance avec quantité d'autres pays d'Europe, d'autres régions, d'autres mers, et au moyen du canal de Suez, (prodige de patience, de courage, de philanthropie et de science, accompli de 1854 à 1869 par Mr Ferdinand de Lesseps) avec l'Océan Indien, l'Océan Pacifique et tout l'extrême Orient. – Cette ligne se divise en réseau Nord, de Paris à Lyon, et réseau Sud, ou ligne de la Méditerranée. Le réseau Nord compte deux lignes principales celles de Lyon par la Bourgogne et celle de Lyon par le Bourbonnais. Le réseau Sud présente deux lignes principales, la ligne de la Méditerranée, qui suit la rive gauche du Rhône et va jusqu'à Nice, et la ligne des Alpes, qui se dirige de Mâcon et de Lyon en Suisse et au Mont-Cenis où se trouve le tunnel grandiose (autre prodige du XIXe siècle), qui la met en communication avec l'Italie.

## Ouest.

Cette Compagnie possède en Normandie les deux lignes principales, de Paris au Hâvre, et de Paris à Cherbourg, aboutissant aux ports de la Manche, puis de Paris à Brest qui arrive jusqu'à l'Océan. Ces trois lignes présentent de nombreux embranchements exploités par la Compagnie, qui en obtient de grands avantages, à cause du trafic fait avec les lignes de la plus riche banlieue de Paris, et du chemin de ceinture. On peut bien dire que les trois lignes principales unissent la France à tous les ports de l'Océan Atlantique et de la mer du Nord, au moyen des paquebots qui se trouvent toujours à Brest, au Hâvre et à Cherbourg, qui prennent les voyageurs et les marchandises. C'est à Brest, qu'en Juillet 1869, on a immergé un cable télégraphique sous-marin, aboutissant aux Etats-Unis, et c'est au Hâvre que la Compagnie Transatlantique a établi un service pour New-York et autres villes principales de l'Amérique.

## Orléans.

Ce chemin de fer comprend trois lignes principales: Paris à Nantes et à Brest; Paris à Tours et à Bordeaux; Paris à Agen; ces deux dernières sont reliées entre elles et aux chemins de fer de Lyon-Méditerranée, et du Midi par deux importantes lignes secondaires, qui sont le chemin du Centre, qui réunit près de Nevers, la ligne de Lyon par le Bourbonnais, et celui du Plateau Central, qui réunit Lyon et Bordeaux. Le chemin d'Orléans, en aboutissant aux ports de Nantes et de St Nazaire, procure à la France, au moyen des paquebots transatlantiques une communication facile avec la Martinique, le Mexique, Cayenne, et à Colon dans l'Amérique centrale, où le chemin de fer de Panama, à travers l'isthme, conduit jusqu'aux rivages de l'Océan Pacifique.

## Midi.

Ce chemin de fer compte deux lignes principales, de Bordeaux à Cette, de Bordeaux à Bayonne; a, en outre, la ligne secondaire des Pyrénées, qui est fort importante. Le réseau du Midi met en communication la France avec l'Espagne, facilite le transport des nombreux voyageurs, qui se rendent aux Pyrénées, et enfin pour aboutir au port de Cette, sur la Méditerranée, et à Bordeaux et à Bayonne sur l'Océan. A Cette, on trouve des paquebots pour l'Algérie; à Bordeaux, les transatlantiques, qui, par le Portugal, se dirigent dans l'Amérique du Sud, au Sénégal, au Brésil et aux bouches de la Plata. Une quantité d'autres paquebots et navires sillonnent les mers dans toutes les directions.

Gravé chez A. Martin r. Visconti 22.

Lith. Ch. Chaunin 8, Rue d'Ulm.

## Notices historiques sur les Diocèses de la France.

| Archevêchés | Evêchés | Circonscription des Diocèses | Époque de la Fondation | Archevêchés | Evêchés | Circonscription des Diocèses | Époque de la Fondation | Archevêchés | Evêchés | Circonscription des Diocèses | Époque de la Fondation | Archevêchés | Evêchés | Circonscription des Diocèses | Époque de la Fondation |
|---|---|---|---|---|---|---|---|---|---|---|---|---|---|---|---|
| | Marseille | Arrond. de Marseille | I siècle. | | Clermont-F. | Puy-de-Dôme | III s. | TOURS (a) | ........ | Indre-et-Loire | III s. | | Cambrai | Nord | IV s. |
| | Digne | Basses-Alpes | IV s. | | Limoges | Creuse, Hte Vienne | III s. | | Le Mans | Mayenne, Sarthe | IV s. | CAMBRAI | ........ | Nord | 1559. |
| | Fréjus | Var | IV s. | | Le Puy | Hte-Loire | III s. | | Laval | Mayenne | IX s. | | Arras | Pas-de-Calais | 1094. |
| AIX | ........ | Bouch.-du-Rhône | I s. | BOURGES | ........ | Cher, Indre | III s. | | Périgueux | Dordogne | II s. | | Chartres | Eure-et-Loir | III s. |
| | Nice | Alpes-Maritimes | IV s. | | Tulle | Corrèze | 1371. | | Angoulême | Charente | III s. | | Meaux | Seine-et-Marne | IV s. |
| | Gap | Hautes-Alpes | V s. | | St Flour | Cantal | XIV s. | | Poitiers | Deux-Sèvres, Vienne | III s. | | Orléans | Loiret | IV s. |
| | Ajaccio | Corse | ? | | Beauvais | Oise | III s. | BORDEAUX | ........ | Gironde | IV s. | PARIS | ........ | Seine | 1638. |
| | Alger | Algérie | ? | | Châlons | Marne, l'arrondt de Reims excepté | III s. | | Agen | Lot-et-Garonne | IV s. | | Blois | Loir-et-Cher | 1697. |
| | Metz | Moselle ? | III s. | | ........ | l'arrondt de Reims et les Ardennes | III s. | | La-Rochelle | Charente-Infre | 1317 | | Versailles | Seine-et-Oise | 1791. |
| | Strasbourg | Ht et Bt Rhin ? | IV s. | | Soissons | Aisne | III s. | | Luçon | Vendée | 1317 | | Mende | Lozère | III s. |
| | Verdun | Meuse | IV s. | | Amiens | Somme | IV s. | | Aire | Landes | IV s. | | Cahors | Lot | IV s. |
| BESANÇON | ........ | Doubs, Hte Saône | II s. | REIMS | Bayeux | Calvados | IV s. | | Tarbes | Htes Pyrénées | VI s. | ALBI | ........ | Tarn | 1862. |
| | Belley | Ain | V s. | | Evreux | Eure | IV s. | AUCH | ........ | Gers | IX s. | | Rodez | Aveyron | V s. |
| | Nancy | Meurthe | XVII s. | ROUEN | ........ | Seine-Inférieure | III s. | | Bayonne | Bses Pyrénées | IX s. | | Perpignan | Pyrénées-Orientales | VI s. |
| | St Dié | Vosges | XVIII s. | | Sées | Orne | V s. | | Carcassonne | Aude | VI s. | | St Jean-de-Maurienne | Savoie | V s. |
| | Autun | Saône-et-Loire | III s. | | Coutances | Manche | V s. | | Pamiers | Ariège | 1297. | CHAMBÉRY | ........ | Savoie | 1780. |
| | Grenoble | Isère | III s. | | Troyes | Aube | IV s. | TOULOUSE | ........ | Hte Garonne | 1327. | | Annecy | Hte Savoie | 1822. |
| | Langres | Hte-Marne | III s. | | Nevers | Nièvre | IV s. | | Montauban | Tarn-et-Garonne | 1317. | | Quimper | Finistère | V s. |
| LYON | ........ | Rhône, Loire | II s. | SENS | ........ | Yonne | III s. | | Nîmes | Gard | IV s. | | Vannes | Morbihan | V s. |
| | Dijon | Côte-d'Or | 1731. | | Moulins | Allier | 1823 | | Valence | Drôme | IV s. | RENNES | ........ | Ille-et-Vilaine | 1868. |
| | St Claude | Jura | 1742. | | Nantes | Loire-Inférieure | III s. | AVIGNON | ........ | Vaucluse | XV s. | | St Brieuc | Côtes-du-Nord | 1032. |
| | | | | TOURS (a) | Angers | Maine-et-Loire | IV s. | | Viviers | Ardèche | V s. | | | | |
| | | | | | | | | | Montpellier | Hérault | VI s. | | | | |

## Population des villes principales de la France en dehors des chefs-lieux des départements (1).

|  |  |  |  |  |  |  |  |
|---|---|---|---|---|---|---|---|
| Brest | 79.840 | Rochefort | 30,155 | St Omer | 21,870 | Langres | 8,350 |
| Toulon | 77,126 | Aix | 28,200 | Elbeuf | 21,790 | Coutances | 8,159 |
| Le Hâvre | 74.900 | Béziers | 27,720 | Bastia (Corse) | 21,530 | Pamiers | 7,880 |
| Roubaix | 65,090 | Arles | 26,370 | Castres | 21,380 | St Claude | 6,810 |
| Reims | 60,735 | Bayonne | 26,340 | Dieppe | 20,020 | Luçon | 6,020 |
| Mulhouse | 58,776 | St Denis | 26,150 | Verdun | 12,956 | St Flour | 5,855 |
| Boulogne | 40,252 | Vienne | 24,810 | Autun | 12,390 | Sées | 5,010 |
| Turcoing | 38,270 | Valenciennes | 24,340 | Sens | 11,908 | Aire | 4,890 |
| Lorient | 37,650 | Cette | 24,210 | Meaux | 11,343 | Belley | 4,630 |
| Cherbourg | 37,215 | Douai | 24,120 | Soissons | 11,099 | St Jean-de-Maurienne | 3,102 |
| DunKerque | 35,100 | Le Creuzot | 23,890 | St Dié | 10,480 | Fréjus | 3,000 |
| St Quentin | 32,690 | Cambrai | 22,210 | Bayeux | 9,160 | Viviers | 2,708 |

**Population de la France entre les différents cultes**

|  |  |
|---|---|
| Catholiques | 36.605.968 |
| Protestants réformés | 585.960 |
| — de la confession d'Augsbourg | 296.000 |
| Autres sectes protestantes | 28.860 |
| Israélites | 99.600 |
| Mahométans (sans l'Algérie) | 5.000 |
| Sectes non-chrétiennes | 3.000 |
| Individus de religion inconnue | 29.000 |
| Population de la France sans l'Algérie | 36.605.960 |

(1) Pour la population des chefs-lieux des Départements, voir la carte des aggrandissements de la France.

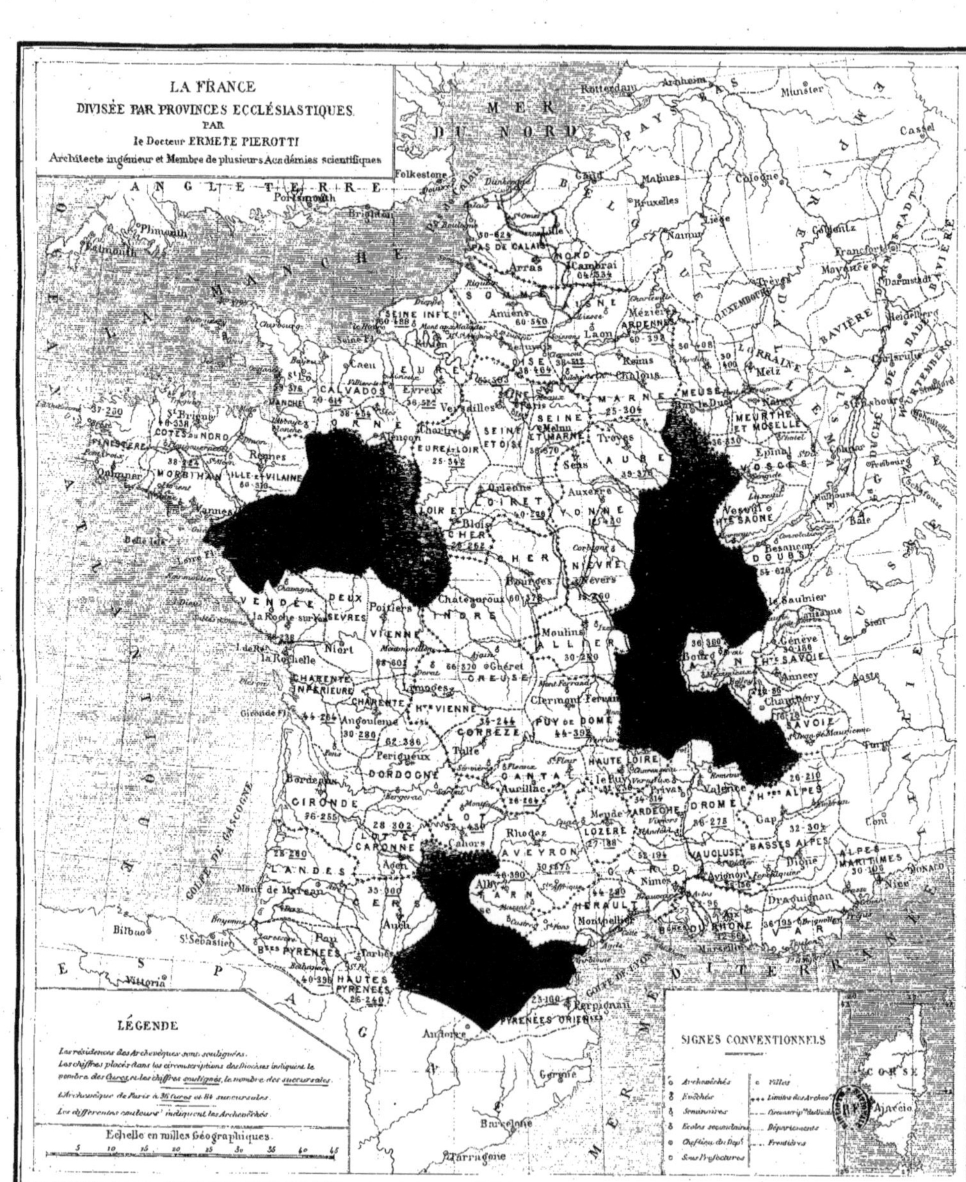


Lith. Ch. Chauvin, 8 Rue d'Ulm

# Vignobles et zones agricoles

## Tableau des principaux vignobles et des vins les plus renommés de la France.

| Provinces | Départements | Vignobles des vins rouges. | Crûs principaux. |
|---|---|---|---|
| Champagne. | Marne. | Bouzy, Verzy, Verzenay, Mailly, Saint-Blase, Clos St Thierry, Avise, Vertus ........ | Avise, Vertus, Bouzy, Riceys. |
| | Aube. | Balnot-sur-Laigne, le Riceys, Avirey, Bagneux-la-Fosse ........ | |
| | Hte Marne | Aubigny, Montsaugeon ........ | |
| Bourgogne. | Côte-d'Or | Romanée-Conti, Gevrey-Chambertin, Clos-Vougeot, Richebourg, Romanée St Vincent, St Georges, Corton, la Tache, Nuits, Pomard, Volnay ........ | Romanée-Conti, Gevrey-Chambin, Clos-Vougeot, Pomard, Volnay, Corton, Nuits, Mâcon, Beaujolais, Tonnerre, Epineuil, Joigny. |
| | Yonne | Danevoine, Tonnerre, Auxerre, Joigny, Epineuil, | |
| | Saône-et-Loire | Les Thorins, Chenas, Moulin-à-vent ........ | |
| Lorraine. | Meuse | Bar-le-Duc, Bussy-la-Côte, Longeville, Savonière, Ligny, Naives, Rosières, Behonne, Chardogne, Varney, Rambercourt, Creue, Loisey, Ancerville (appelés vins de la Moselle) ........ | Pont-à-Musson. |
| Franche Comté. | Jura. | Poligny, Salins ........ | |
| | Ain. | Seyssel ........ | Seyssel. |
| Lyonnais. | Rhône. | Côte-Rôtie ........ | Côte-Rôtie |
| | Loire. | Luppé, Chuynes, Chavenay, Saint-Michel, St Pierre-de-Bœuf, Roen ........ | |
| Dauphiné. | Drôme. | Tain, Méal, Grefleux, Beaume, Rauconle, Murel, Guiognères, Bessas, les Burges, les Louds ........ | Tain. |
| | Isère. | La Porte de Lyon ........ | |
| Provence. | Var. | La Gaude, St Laurent, Gagnes, St Paul, St Tropez ........ | La Gaude, Sorgues, Lamalgue, St Tropez. |
| | Bes du Rhône | Lamalgue, Arles, Château-Renard, Tarascon, Orgon. | |
| | Vaucluse. | Côtes-Brulées, Sorgues, Châteauneuf ........ | |
| Languedoc. | Ardèche. | Cornas, St Joseph ........ | |
| | Gard. | Chuzelan, Tavel, Lirac, St Geniez, Lederon, Roquemaure, Canteperdrix, Laurent-des-Artres ........ | Tavel, Roquemaure. |
| | Hérault. | Vorargues, St Christophe, Castries, St Drezery, St-Georges-d'Orgues, St Geniez ........ | |
| | Tarn. | Cunac, Caisaguet, St Juéry, St Amarans, Gaillac ........ | |
| Gascogne. | Landes. | Cap-Breton, Souston, Messange, Vieux-Boucaux. | Cap Breton |
| | H. Pyrénées. | Madiran, Castelnau, St Laume, Lascazères ........ | |
| Guyenne. | Gironde. | Chât-Lafitte, Chât-Latour, Chât.-Margaux, Arcins, Pouillac, St Estèphe, Cadillac, Montferrand, Libournais, St Emilion, Fronsac ........ | Chât. Lafitte, Chât. Latour, Chât. Margaux, Montferrand, Cadillac, etc. etc. |
| | Dordogne. | La Terrasse, Pécharmont, les Farcies, Compréal, Ste Foy-des-Vignes, Bergerac ........ | |
| | Lot. | Quercy ........ | |
| Saintonge Aunis. | Charente. | Cognac ........ | Cognac. |
| Béarn. | B. Pyrénées. | Jurançon, Gan ........ | Jurançon |
| Roussillon | Pyrénées Or. | Bagnols, Cousperon, Collioure, Toremilla, Terrats ........ | Bagnols |
| Touraine | Indre-et-Loire | Joué, St Nicolas-de-Bourgueil ........ | |

| Provinces | Départements | Vignobles des vins blancs. | Crûs principaux. |
|---|---|---|---|
| Champagne | Marne | Sillery, Aÿ, Mareuil, Hautevilliers, Pierry-Dizy. | Avise, Vertus, Sillery, Aÿ |
| Bourgogne. | Côte-d'Or | Montrachet, Puligny, Meursault ........ | Montrachet. Meursault. |
| | Yonne. | Chablis, Tonnerre ........ | Chablis, Tonnerre |
| | Saône-et-Loire | Pouilly, Fuisiez ........ | Pouilly, etc. |
| Alsace cédée à l'Allemagne. | Bas-Rhin | Molsheim, Wolxheim ........ | |
| | Haut-Rhin. | Guebwiller, Turkheim, Riquewihr, Ribeauvillé, Thann, Ruffach, Bergoltzell, Pfaffenheim, Enguisheim, Ingersheim, Mittelweyer, Katzenthal, Kluneweyer, Ammerschwir, Koisersberg, Kientaheim, Sigolsheim, Babelheim ........ | Guebwiller, Ribeauvillé. |
| Franche Comté. | Jura. | Château-Châlons, Arbois, Pupillin ........ | Arbois. |
| Lyonnais. | Rhône. | Condrieu ........ | Condrieu |
| | Loire. | Château-Grillet, ........ | |
| Dauphiné. | Drôme. | L'Hermitage, Rauconle ........ | L'Hermitage |
| | Isère. | Côte St André ........ | Côte St André |
| Provence. | Var. | Baudol, Ollioules ........ | |
| | Bes du Rhône. | Cassis, Aubagne ........ | Cassis, Aubagne |
| | Vaucluse. | Beaumes, Sérignan ........ | Beaumes. |
| Languedoc. | Ardèche. | St Péray ........ | St Péray. |
| | Hérault. | Frontignan, Lunel ........ | Frontignan, Lunel. |
| | Aude. | aux environs de Limoux, la blanquette est estimée. | |
| Guyenne. | Gironde. | Villeneuve-en-Rious, Sauterne, Barsac, Preignac, Beaumes, Haut-Brion, Arsac ........ | Sauterne, Arsac, Ht Brion, Barsac |
| Saintonge Aunis. | Charente. | Cognac ........ | Cognac. |
| Béarn | B. Pyrénées. | Jurançon ........ | Jurançon. |
| Roussillon | Pyrénées Or. | Bagnols, Cousperon, Collioure, Toremilla, Terrats, Grenache, Salcès, St André ........ | Bagnols. |
| Anjou. | Maine-et-Loire | Rotissant, la Perrière, le Grand et le Petit Morin; les Poileux, Parnay, Dampierre, Souzi, Turquan, Thouarcé, Martigné-Briant, Foy, Beaulieu, Saint-Luignes, Savenières, Saumur, Rablay ........ | Saumur. |
| Touraine | Indre-et-Loire | Vouvray, St Avertin ........ | Vouvray. |

*Les vignobles secondaires sont bien nombreux, et moins importants par la qualité de leurs produits. — La culture des vignobles rapporte environ 800 millions.*

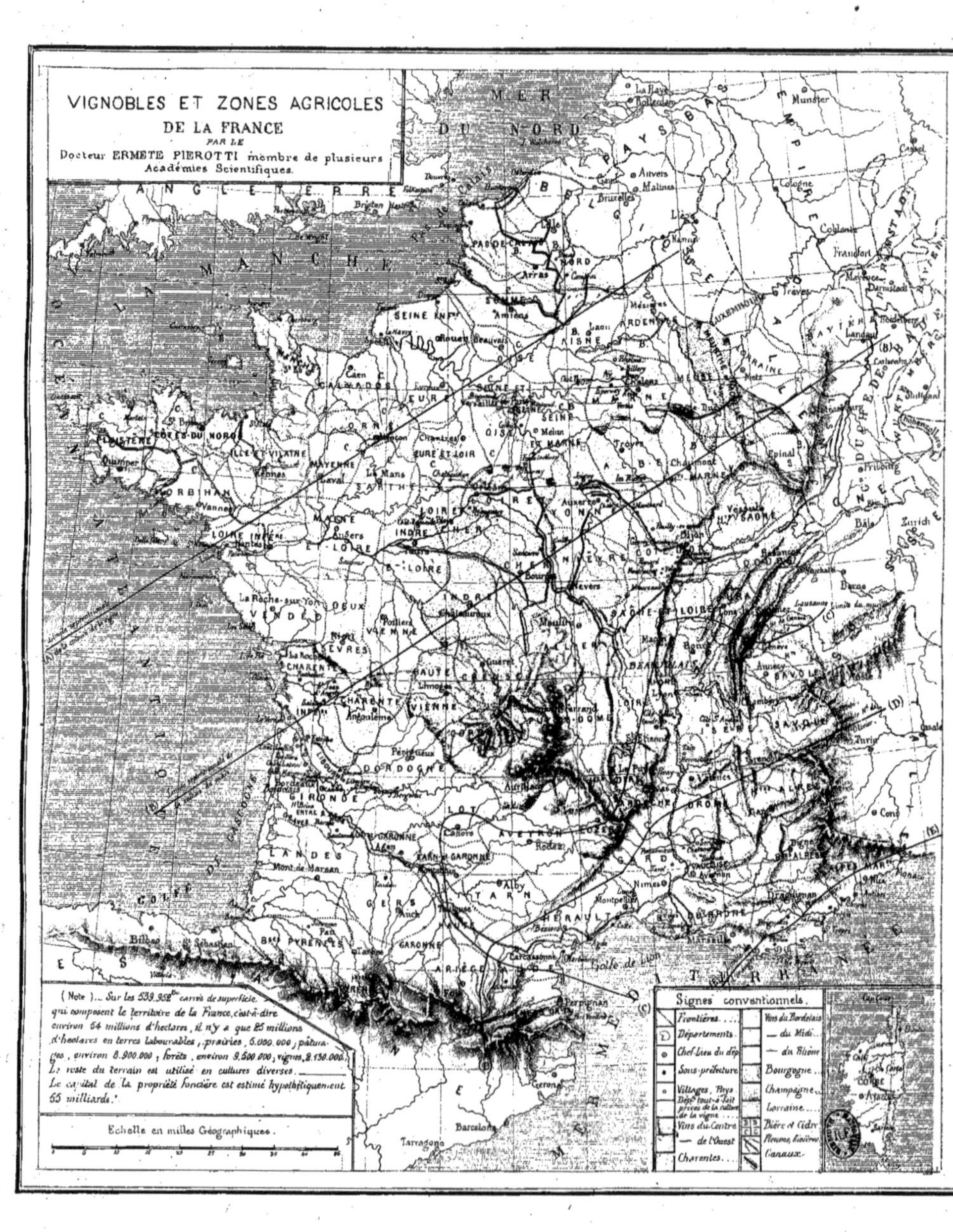
VIGNOBLES ET ZONES AGRICOLES
DE LA FRANCE
PAR LE
Docteur ERMETE PIEROTTI membre de plusieurs Académies Scientifiques.
MER DU NORD
ANGLETERRE
LA MANCHE
BELGIQUE
PAYS BAS
EMPIRE D'ALLEMAGNE
SUISSE
GOLFE DE GASCOGNE
ESPAGNE
Golfe de Lion
MÉDITERRANÉE
(Note).. Sur les 539.952 kil. carrés de superficie qui composent le territoire de la France, c'est-à-dire environ 54 millions d'hectares, il n'y a que 25 millions d'hectares en terres labourables, prairies, 5.000.000; pâturages, environ 8.900.000; forêts, environ 9.500.000; vignes, 2.130.000. Le reste du terrain est utilisé en cultures diverses.
Le capital de la propriété foncière est estimé hypothétiquement 65 milliards.
Echelle en milles Géographiques.
Signes conventionnels.
Frontières
Départements
Chef-Lieu du dép
Sous-préfecture
Villages, Pays
Dép. tout-à-fait privés de la culture de la vigne
Vins du Centre
— de l'Ouest
Charentes
Vins du Bordelais
— du Midi
— du Rhône
Bourgogne
Champagne
Lorraine
Bière et Cidre
Fleuves, Rivières
Canaux

## Minéraux, Marbres et autres pierres dures

La France renferme en plus ou moins grande quantité presque toutes les formations diverses qui entrent dans la composition des terrains.

Les terrains primitifs et les terrains de transition forment presque toute la chaîne des Pyrénées et sont répandus çà-et-là dans les montagnes d'Auvergne, du Vivarais, des Cévennes, du Vélay, dans le Forez, le Lyonnais, dans plusieurs endroits des Vosges, des Ardennes, du Morvan et dans la Bretagne.

Au-dessus, des masses primitives du Velay, de l'Auvergne, et parmi elles on voit des traces du feu volcanique.

Les terrains secondaires forment la haute chaîne du Jura, le Charolais, la Côte-d'Or, le plateau de Langres; ils se rencontrent aussi au pied des Basses et Hautes Alpes, sur la rive droite du Rhône. On peut donc dire qu'ils traversent la France depuis les Ardennes jusqu'à l'embouchure de la Charente dans l'Océan.

Les terrains tertiaires se trouvent au pied des Pyrénées, à la base du versant occidental des Cévennes, et en d'autres parties de la France; puis aux environs de Paris, où ils abondent et cachent le calcaire crayeux, ce qui se remarque aussi dans plusieurs départements.. On peut donc aisément comprendre pourquoi la France possède une grande variété de richesses minéralogiques, dont je vais nommer les principales.

Les syénites, les porphyres, les granits, les marbres, les serpentines, les albâtres sont de qualités belles et variées.

Les pierres de taille., à chaux, à moule sont abondantes, les différents grès, le gypse, la pierre à fusil, les argiles et le Kaolin ne manquent pas; de vastes ardoisières existent dans les Ardennes et ailleurs.

Les laves d'Auvergne et l'asphalte de Seyssel sont fort employées.

Le sable pour la fabrication du verre, et la craie sont répandus. La pierre lithographique se trouve dans quelques départements.

Les mines métalliques les plus importantes sont celles de fer, ensuite viennent celles de plomb, d'Argent, de cuivre, de zinc, d'antimoine, de magnésie et d'arsénic.

Parmi les autres mines, les plus utiles sont celles de houille (surtout au Nord et au Midi), de sel gemme dans la vallée de la Meurthe et dans les montagnes du Doubs. La tourbe se trouve dans quelques départements. Le sol de la France possède aussi des minerais d'Alun et de sulfate de fer; de soufre; puis un grand nombre de sources minérales, et de riches marais salins. La France possède quelques pierres précieuses, telles que: les grenats, les saphirs et les topazes, qu'on trouve dans quelques pics des Pyrénées, dans les Cévennes, dans les Vosges et dans les Alpes La Bretagne donne quelques rares émeraudes, et l'améthiste se montre au pelvoux de Val-Louise. Le jayet se rencontre dans les Cévennes, et les Hautes-Alpes: la turquoise se voit vers le fleuve Adour (Basses-Pyrénées), et autour d'Auch (Gers). Enfin, quelques cours d'eau, comme l'Ariège, le Salat, la Garonne, l'Isère et le Rhône, roulent quelques rares paillettes d'or.

CARTE DES MINERAUX, DES MARBRES
ET AUTRES PIERRES DURES
DE LA FRANCE
PAR LE
Docteur ERMETE PIEROTTI membre de plusieurs
Académies Scientifiques.
MER DU NORD
ANGLETERRE
MANCHE
OCÉAN ATLANTIQUE
GOLFE DE GASCOGNE
ESPAGNE
GOLFE DE LION
MER MÉDITERRANÉE
CORSE
Ajaccio
Bilbao
Barcelone
Tarragone
Monaco
Nîmes
Marseille
Amiens
Rouen
Caen
Chartres
Melun
Auxerre
Blois
Vannes
Rennes
FRANCFORT
BAVIÈRE
DUCHÉ DE BADE
[NOTE]. – On estime à 5750 kilomètres la superficie des terrains houillers exploités jusqu'à ce jour en France. Au point de vue de l'industrie, on peut répartir les bassins houillers en six groupes généraux : 1°. Le groupe du Nord, — 2°. Le groupe de l'Est, — 3°. Le groupe du Centre, — 4°. Le groupe de la Loire, 5°. Le groupe des Cévennes, — 6°. Le groupe de l'Ouest.
Echelle en milles Géographiques.
Signes conventionnels.
Climat séquanien.
Climat Rhodanien
Climat Girondin
Climat Vosgien
Cl. Méditerranéen.
O. Or
A. Argent
C. Cuivre
F. Fer
Z. Zinc
E. Etain
P. Plomb
M. Mercure
Co. Cobalt
An. Antimoine
Ars. Arsenic
B. Bismuth
Ch. Chrôme
Man. Manganèse
Bassin houiller
Mb. Marbre
G. Granit
Gs. Grès
Pt. Pierre de taille
Ad. Ardoise

# MAPPE-MONDE

par le Docteur ERMETE PIEROTTI

Architecte Ingénieur et Membre de plusieurs Académies Scientifiques

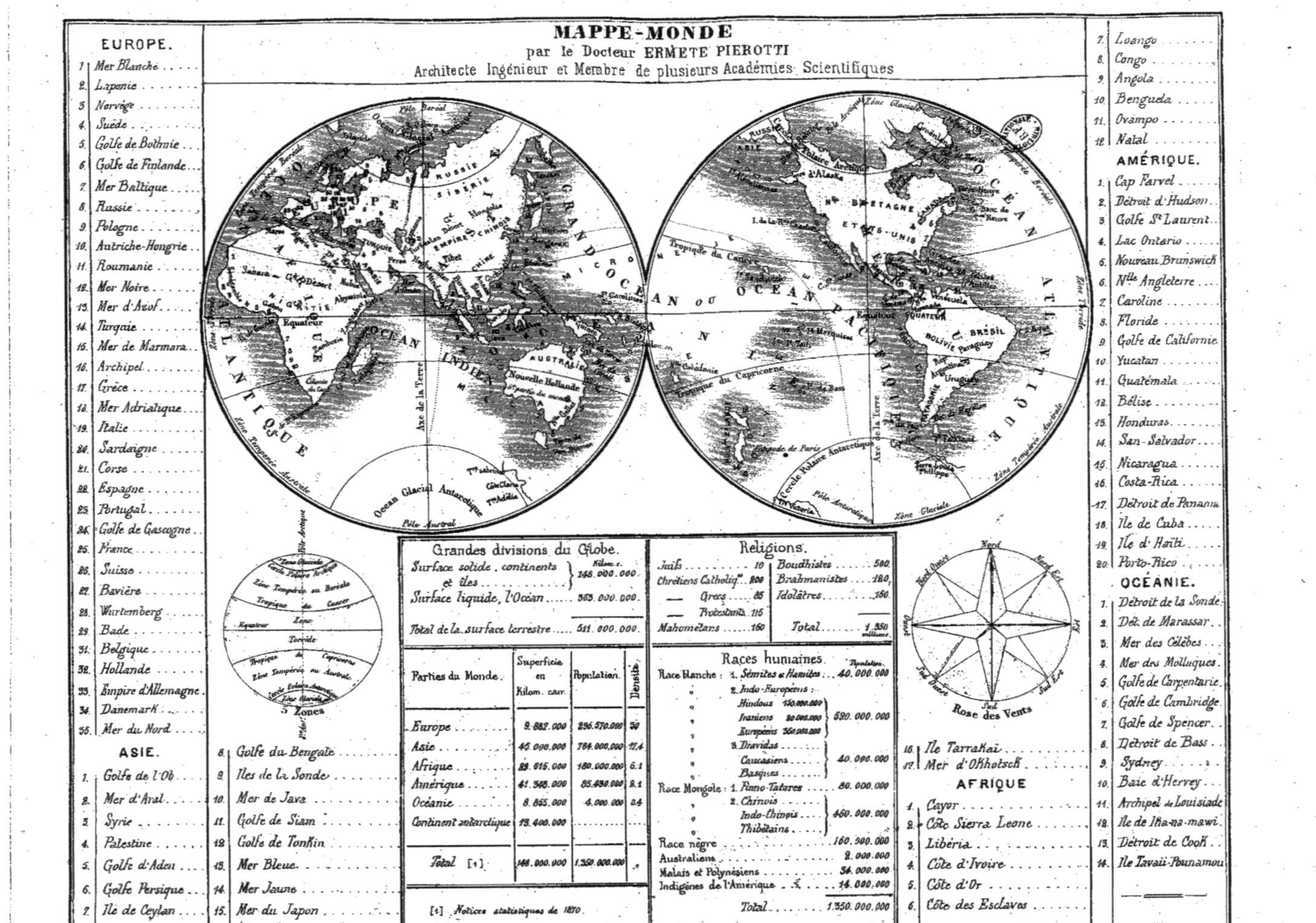


### EUROPE.

1. Mer Blanche
2. Laponie
3. Norvège
4. Suède
5. Golfe de Bothnie
6. Golfe de Finlande
7. Mer Baltique
8. Russie
9. Pologne
10. Autriche-Hongrie
11. Roumanie
12. Mer Noire
13. Mer d'Azof
14. Turquie
15. Mer de Marmara
16. Archipel
17. Grèce
18. Mer Adriatique
19. Italie
20. Sardaigne
21. Corse
22. Espagne
23. Portugal
24. Golfe de Gascogne
25. France
26. Suisse
27. Bavière
28. Wurtemberg
29. Bade
31. Belgique
32. Hollande
33. Empire d'Allemagne
34. Danemark
35. Mer du Nord

### ASIE.

1. Golfe de l'Ob
2. Mer d'Aral
3. Syrie
4. Palestine
5. Golfe d'Aden
6. Golfe Persique
7. Île de Ceylan
8. Golfe du Bengale
9. Îles de la Sonde
10. Mer de Java
11. Golfe de Siam
12. Golfe de Tonkin
13. Mer Bleue
14. Mer Jaune
15. Mer du Japon
16. Île Tarrakai
17. Mer d'Okhotsk

#### Grandes divisions du Globe.

| | Kilom. c. |
|---|---|
| Surface solide, continents et îles | 148.000.000 |
| Surface liquide, l'Océan | 363.000.000 |
| Total de la surface terrestre | 511.000.000 |

| Parties du Monde. | Superficie en Kilom. carr. | Population. | Densité. |
|---|---|---|---|
| Europe | 9.882.000 | 296.570.000 | 30 |
| Asie | 45.000.000 | 784.000.000 | 17.4 |
| Afrique | 29.615.000 | 180.000.000 | 6.1 |
| Amérique | 41.348.000 | 85.430.000 | 2.1 |
| Océanie | 8.855.000 | 4.000.000 | 0.4 |
| Continent antarctique | 13.400.000 | | |
| Total [1] | 148.000.000 | 1.350.000.000 | » |

[1] Notices statistiques de 1870.

#### Religions.

| | | | |
|---|---|---|---|
| Juifs | 10 | Boudhistes | 500 |
| Chrétiens Catholiq.es | 200 | Brahmanistes | 120 |
| — Grecs | 85 | Idolâtres | 160 |
| — Protestants | 115 | | |
| Mahométans | 160 | Total | 1.350 millions |

#### Races humaines.

| | | Population. |
|---|---|---|
| Race blanche : | 1. Sémites et Hamites | 40.000.000 |
| » | 2. Indo-Européens : Hindous 150.000.000, Iraniens 20.000.000, Européens 350.000.000 | 520.000.000 |
| » | 3. Dravidas, Caucasiens, Basques | 40.000.000 |
| Race Mongole : | 1. Finno-Tatares | 80.000.000 |
| » | 2. Chinois, Indo-Chinois, Thibétains | 460.000.000 |
| Race nègre | | 160.000.000 |
| Australiens | | 2.000.000 |
| Malais et Polynésiens | | 34.000.000 |
| Indigènes de l'Amérique | | 14.000.000 |
| Total | | 1.350.000.000 |

### AFRIQUE

1. Cayor
2. Côte Sierra Leone
3. Libéria
4. Côte d'Ivoire
5. Côte d'Or
6. Côte des Esclaves
7. Loango
8. Congo
9. Angola
10. Benguela
11. Ovampo
12. Natal

### AMÉRIQUE.

1. Cap Farvel
2. Détroit d'Hudson
3. Golfe St Laurent
4. Lac Ontario
5. Nouveau Brunswick
6. Nlle Angleterre
7. Caroline
8. Floride
9. Golfe de Californie
10. Yucatan
11. Guatémala
12. Bélise
13. Honduras
14. San-Salvador
15. Nicaragua
16. Costa-Rica
17. Détroit de Panama
18. Île de Cuba
19. Île d'Haïti
20. Porto-Rico

### OCÉANIE.

1. Détroit de la Sonde
2. Dét. de Marassar
3. Mer des Célèbes
4. Mer des Moluques
5. Golfe de Carpentarie
6. Golfe de Cambridge
7. Golfe de Spencer
8. Détroit de Bass
9. Sydney
10. Baie d'Herrey
11. Archipel de Louisiade
12. Île de Iha-na-mawi
13. Détroit de Cook
14. Île Tavaii-Pounamou

# AMÉRIQUE

par le Docteur ERMETE PIEROTTI

Architecte Ingénieur et Membre de plusieurs Académies Scientifiques

## Fleuves principaux.

| | Kilom. |
|---|---|
| Missouri | 6968 |
| Mississipi | 6050 |
| Amazones | 5410 |
| Arkansas | 3205 |
| La Plata | 2602 |
| Orénoque | 2000 |
| Orégon | 1990 |
| Ohio | 1490 |
| Magdalena | 1302 |
| Rio Colorado | 1141 |
| Paranahyba | 906 |
| St Laurent | 902 |
| Ottawa | 797 |
| Rio des Illinois | 681 |
| Savannah | 440 |
| Delaware | 268 |

## Monts principaux.

| | Haut. mètres |
|---|---|
| Nevado de Sorata (Cordillères) | 7962 |
| Illimani (Cordillères) | 7460 |
| Chimborazo (Cordillères) | 6652 |
| Antisana (Cordillères) | 5886 |
| Popocatepel (Mex.) | 5401 |
| St Elia (Mts Roch.) | 5113 |
| Big-Horn (id.) | 4138 |
| Gouffrière (Guad.) | 1.558 |
| Los Mimbres (E.U.) | 1198 |

## Lacs principaux.

Gd Ours, de l'Esclave, Winnipeg — Nle Bretagne.

Supérieur, Michigan, Huron — entre les E.U. et la N. Canada.

Erié, Ontario — entre les E.U. et le Nd Canada. Ces deux derniers lacs sont réunis par la cataracte du Niagara.

En 1497, Jean et Sébastien Cabot, vénitiens, découvrirent les côtes orientales de l'Amérique du Nord. Le Portugais Cabral découvrit le Brésil en 1500. En 1516, Solis découvrit le Rio de la Plata et la Patagonie fut découverte par Magellan en 1520.

Christophe Colomb, génois au service de l'Espagne, aborda en Amérique, à l'île de San-Salvador en 1492. De 1492 à 1498, il découvrit les Antilles, qu'il appela les Indes Occidentales.

## Villes principales

(Les soulignées sont des capitales)

|  | |  |
|---|---|---|
| New-York | États-Unis | 930.000 |
| Philadelphie | États-Unis | 800.000 |
| Brooklin | États-Unis | 500.000 |
| Baltimore | États-Unis | 280.000 |
| Nlle Orléans | États-Unis | 170.000 |
| Cincinnati | États-Unis | 160.000 |
| Chicago | États-Unis | 158.000 |
| Washington | États-Unis | 150.000 |
| Mexico | Mexique | 200.000 |
| Guadalajara | Mexique | 63.000 |
| Quérétaro | Mexique | 48.000 |
| Puebla | Mexique | 75.000 |
| Guatemala | 6 | 41.000 |
| St Salvador | 7 | 22.000 |
| Comayagua | 8 | 8.100 |
| Managua | 9 | 10.100 |
| St José | 10 | 25.100 |
| Port-au-Prince | 11 | 22.000 |
| St Domingue | 12 | 12.000 |
| Caracas | 13 | 48.000 |
| St Fé de Bogota | 14 | 41.000 |
| Quito | 15 | 75.000 |
| Lima | 16 | 128.000 |
| La Paz | 17 | 60.000 |
| Santiago | 18 | 115.000 |
| Buenos Ayres | 19 | 175.000 |
| Montevideo | 21 | 127.000 |
| Assomption | 22 | 26.000 |
| Québec | 3 | 52.000 |
| Montréal | 3 | 91.000 |

## Notice statistique.

| | Pays, États | Superficie | Population |
|---|---|---|---|
| 1. | Groënland danois | 181.050 | 9.900 |
| 2. | Spitzberg et Groënland | 1.595.851 | 16.000 |
| 3. | Nlle Bretagne | 9.460.000 | 5.110.000 |
| 4. | États-Unis (R.) | 9.200.000 | 38.586.000 |
| 5. | Mexique (R.) | 1.973.000 | 8.890.000 |
| 6. | Guatemala (R.) | 105.511 | 1.180.100 |
| 7. | S. Salvador (R) | 18.396 | 610.000 |
| 8. | Honduras (R) | 150.200 | 351.000 |
| 9. | Nicaragua (R) | 181.964 | 400.000 |
| 10. | Costa-Rica (R) | 55.669 | 136.000 |
| 11. | Haïti (R) | 26.450 | 571.800 |
| 12. | St Domingue (R) | 46.170 | 157.000 |
| 13. | Vénézuela (R) | 953.700 | 1.566.000 |
| 14. | Nlle Grenade (Colombie) | 1.331.325 | 2.895.000 |
| 15. | Equateur (R) | 652.280 | 1.140.000 |
| 16. | Pérou (R) | 1.581.124 | 2.506.000 |
| 17. | Bolivie (R) | 1.387.586 | 2.000.100 |
| 18. | Chili (R). | 345.460 | 2.102.000 |
| 19. | Rép. Argentine (E.U.) | 3.495.287 | 1.636.600 |
| 20. | Patagonie (Rép. Arg.) | | |
| 21. | Uruguay (R.) | 172.000 | 395.000 |
| 22. | Paraguay (R) | 387.240 | 750.000 |
| 23. | Emp. du Brésil | 8.368.025 | 11.780.000 |
| | Possessions, Colonies | | |
| 24. | Antilles anglaises | 32.863 | 955.960 |
| 25. | Honduras anglais | 34.960 | 27.000 |
| 26. | Guyane anglaise | 258.795 | 155.200 |
| 27. | Iles Falkland (Anglet.) | 12.278 | 1.150 |
| 28. | St Pierre et Miquelon (Fr.) | 210 | 4.200 |
| 29. | Antilles françaises | 2.633 | 295.000 |
| 30. | Guyane française | 90.854 | 25.600 |
| 31. | Antilles espagnoles | 128.147 | 2.034.000 |
| 32. | Antilles holland.ses | 953 | 36.000 |
| 33. | Guyane hollandse | 154.870 | 60.000 |
| 34. | Antilles danoises | 312 | 38.000 |
| 35. | Antilles suédoises | 22 | 3.200 |
| | Total | 41.703.916 | 86.387.010 |

| | | | |
|---|---|---|---|
| (1) | Arch. du Pce de Galles | (9) | Caroline |
| (2) | I. de la Rne Charlotte | (10) | Golf. de Tehuantepec |
| (3) | Colombie anglse | (11) | Maranhao |
| (4) | Ile Southampton | (12) | Parahyba |
| (5) | Baie d'Hudson | (13) | Sergipe |
| (6) | Nlle Angleterre | (14) | Espirito Santo |
| (7) | Pensylvanie | (15) | Rio Gde de St Pedro |
| (8) | Virginie | (16) | San-Paulo |

(R) indique République.

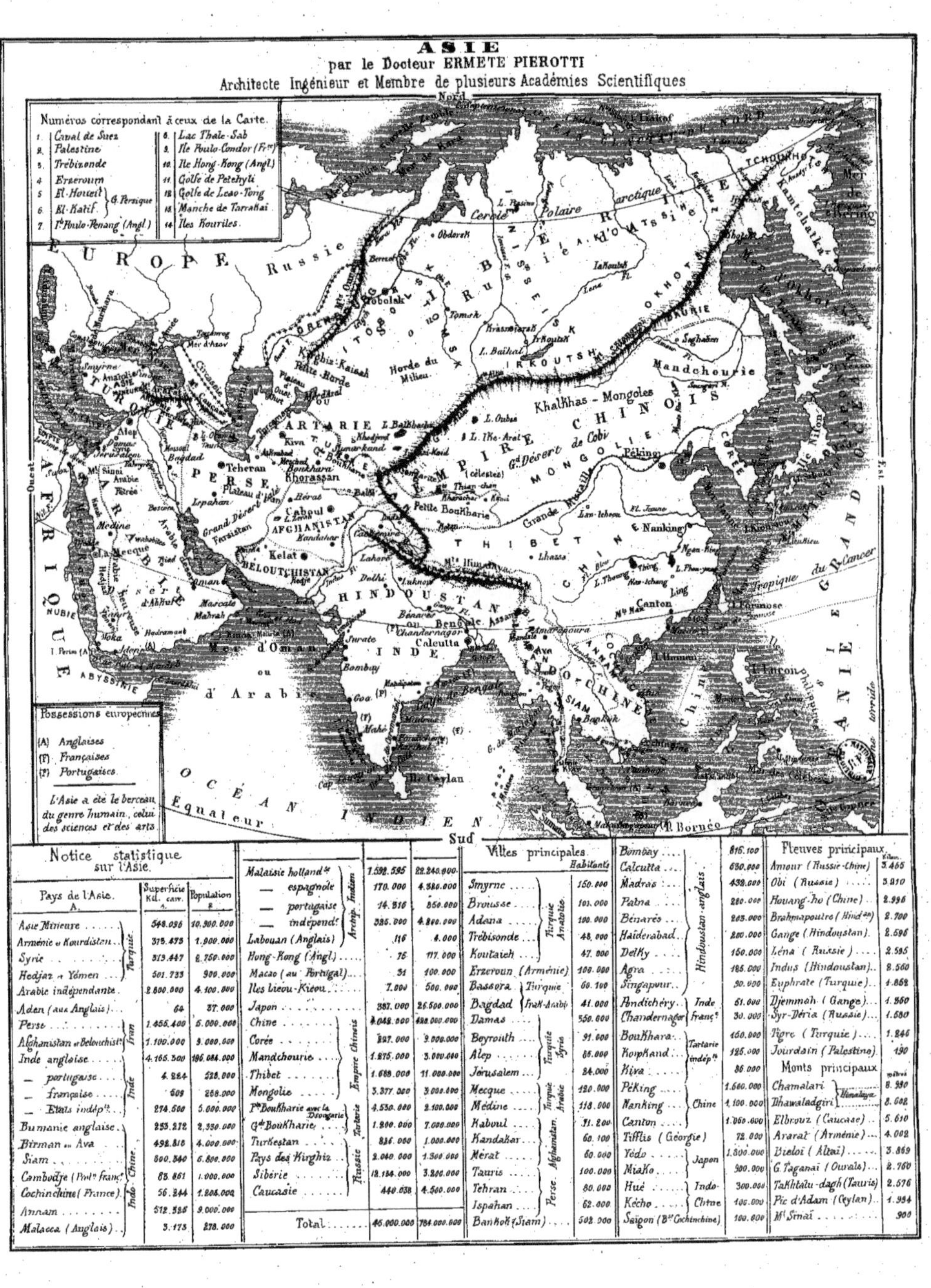


## Notice statistique sur l'Asie.

| Pays de l'Asie. A. | | Superficie Kil. carr. | Population |
|---|---|---|---|
| Asie Mineure | Turquie | 548.096 | 10.900.000 |
| Arménie et Kourdistan | Turquie | 373.473 | 1.900.000 |
| Syrie | Turquie | 313.447 | 2.750.000 |
| Hedjaz et Yémen | Turquie | 501.733 | 900.000 |
| Arabie indépendante | | 2.800.000 | 4.100.000 |
| Aden (aux Anglais) | | 64 | 37.000 |
| Perse | Iran | 1.456.400 | 5.000.000 |
| Afghanistan et Belouchist. | Iran | 1.100.000 | 9.000.000 |
| Inde anglaise | Inde | 4.165.300 | 196.084.000 |
| — portugaise | Inde | 4.224 | 528.000 |
| — française | Inde | 509 | 258.000 |
| — Etats indép.ts | Inde | 274.500 | 5.000.000 |
| Birmanie anglaise | Indo-Chine | 253.272 | 2.330.000 |
| Birman ou Ava | Indo-Chine | 492.816 | 4.000.000 |
| Siam | Indo-Chine | 800.340 | 6.800.000 |
| Cambodje (Prot. franç.) | Indo-Chine | 83.861 | 1.000.000 |
| Cochinchine (France) | Indo-Chine | 56.244 | 1.205.000 |
| Annam | Indo-Chine | 512.325 | 9.000.000 |
| Malacca (Anglais) | Indo-Chine | 3.173 | 278.000 |
| Malaisie hollandaise | Archip. Indien | 1.592.595 | 22.240.000 |
| — espagnole | Archip. Indien | 170.000 | 4.320.000 |
| — portugaise | Archip. Indien | 14.316 | 850.000 |
| — indépend.te | Archip. Indien | 325.000 | 4.800.000 |
| Labouan (Anglais) | Archip. Indien | 116 | 4.000 |
| Hong-Kong (Angl.) | | 75 | 117.000 |
| Macao (au Portugal) | | 31 | 100.000 |
| Iles Lieou-Kieou | | 7.000 | 500.000 |
| Japon | | 387.000 | 26.500.000 |
| Chine | Empire Chinois | 4.048.000 | 420.000.000 |
| Corée | Empire Chinois | 227.000 | 9.000.000 |
| Mandchourie | Empire Chinois | 1.275.000 | 3.000.000 |
| Thibet | Empire Chinois | 1.688.000 | 11.000.000 |
| Mongolie | Empire Chinois | 3.377.000 | 3.000.000 |
| P.te Boukharie avec la Dsongarie | Tartarie | 4.530.000 | 2.100.000 |
| G.de Boukharie | Tartarie | 1.200.000 | 7.000.000 |
| Turkestan | Russie | 826.000 | 1.000.000 |
| Pays des Kirghiz | Russie | 2.040.000 | 1.300.000 |
| Sibérie | Russie | 12.134.000 | 3.200.000 |
| Caucasie | Russie | 440.038 | 4.500.000 |
| Total | | 46.000.000 | 784.000.000 |

| Villes principales | | Habitants |
|---|---|---|
| Smyrne | Turquie Anatolie | 150.000 |
| Brousse | Turquie Anatolie | 101.000 |
| Adana | Turquie Anatolie | 100.000 |
| Trébisonde | Turquie Anatolie | 48.000 |
| Koutaieh | Turquie Anatolie | 47.000 |
| Erzeroun (Arménie) | | 100.000 |
| Bassora | Turquie Irak-Arabi | 60.100 |
| Bagdad | Turquie Irak-Arabi | 41.000 |
| Damas | Turquie Syrie | 550.000 |
| Beyrouth | Turquie Syrie | 91.000 |
| Alep | Turquie Syrie | 85.000 |
| Jérusalem | Turquie Syrie | 24.000 |
| Mecque | Turquie Arabie | 120.000 |
| Médine | Turquie Arabie | 118.000 |
| Kaboul | Afghanistan | 71.200 |
| Kandahar | Afghanistan | 60.100 |
| Hérat | Afghanistan | 60.000 |
| Tauris | Perse | 100.000 |
| Tehran | Perse | 80.000 |
| Ispahan | Perse | 62.000 |
| Bankok (Siam) | | 502.000 |
| Bombay | Hindoustan anglais | 816.100 |
| Calcutta | Hindoustan anglais | 630.000 |
| Madras | Hindoustan anglais | 432.000 |
| Patna | Hindoustan anglais | 280.000 |
| Bénarès | Hindoustan anglais | 203.000 |
| Haïderabad | Hindoustan anglais | 200.000 |
| Delhy | Hindoustan anglais | 150.000 |
| Agra | Hindoustan anglais | 185.000 |
| Singapour | Hindoustan anglais | 90.000 |
| Pondichéry | Inde franç.e | 51.000 |
| Chandernagor | Inde franç.e | 30.000 |
| Boukhara | Tartarie indép.te | 160.000 |
| Korpkand | Tartarie indép.te | 125.000 |
| Kiva | Tartarie indép.te | 86.000 |
| Péking | Chine | 1.600.000 |
| Nanking | Chine | 1.100.000 |
| Canton | Chine | 1.050.000 |
| Tifflis (Géorgie) | | 72.000 |
| Yédo | Japon | 1.800.000 |
| Miako | Japon | 900.000 |
| Hué | Indo-Chine | 300.000 |
| Kécho | Indo-Chine | 100.000 |
| Saïgon (B.se Cochinchine) | | 100.000 |

| Fleuves principaux | Kilom. |
|---|---|
| Amour (Russie-Chine) | 3.465 |
| Obi (Russie) | 3.210 |
| Houang-ho (Chine) | 2.996 |
| Brahmapoutre (Hind.an) | 2.700 |
| Gange (Hindoustan) | 2.596 |
| Léna (Russie) | 2.595 |
| Indus (Hindoustan) | 2.560 |
| Euphrate (Turquie) | 1.852 |
| Djemmah (Gange) | 1.360 |
| Syr-Déria (Russie) | 1.680 |
| Tigre (Turquie) | 1.246 |
| Jourdain (Palestine) | 190 |

| Monts principaux | | mètres |
|---|---|---|
| Chamalari | Himalaya | 8.390 |
| Dhawaladgiri | Himalaya | 8.602 |
| Elbrouz (Caucase) | | 5.610 |
| Ararat (Arménie) | | 4.002 |
| Bieloï (Altaï) | | 3.869 |
| G. Taganaï (Ourals) | | 2.760 |
| Takhtalu-dagh (Tauris) | | 2.576 |
| Pic d'Adam (Ceylan) | | 1.934 |
| M.t Sinaï | | 900 |

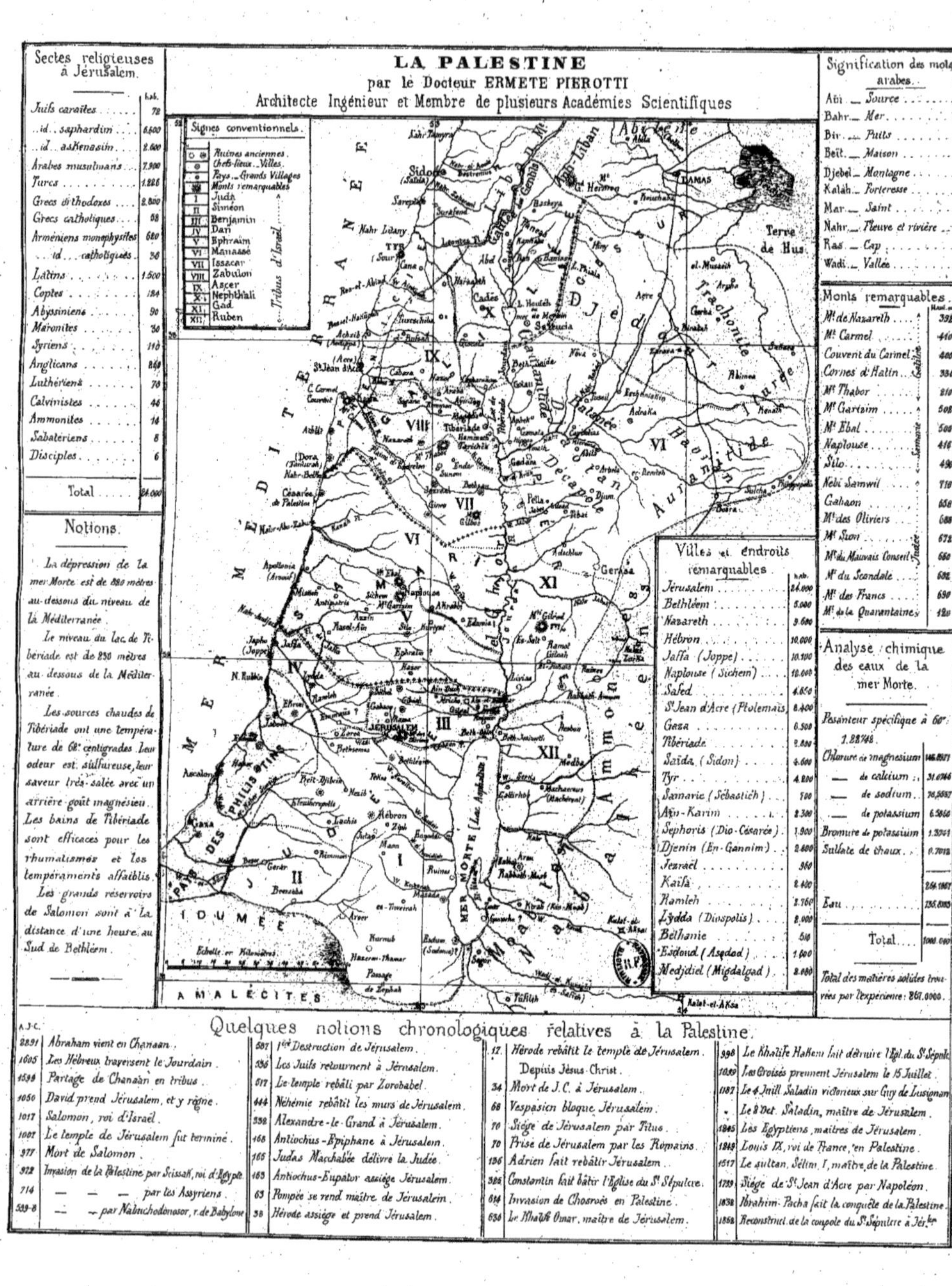

# LA PALESTINE

par le Docteur ERMETE PIEROTTI

Architecte Ingénieur et Membre de plusieurs Académies Scientifiques



## Sectes religieuses à Jérusalem.

| | hab. |
|---|---|
| Juifs caraïtes | 72 |
| ..id.. saphardim | 6.600 |
| ..id.. askenasim | 2.600 |
| Arabes musulmans | 7.900 |
| Turcs | 1.226 |
| Grecs orthodoxes | 2.800 |
| Grecs catholiques | 58 |
| Arméniens monophysites | 620 |
| ..id.. catholiques | 36 |
| Latins | 1.500 |
| Coptes | 184 |
| Abyssiniens | 90 |
| Maronites | 30 |
| Syriens | 110 |
| Anglicans | 260 |
| Luthériens | 70 |
| Calvinistes | 46 |
| Ammonites | 14 |
| Sabatériens | 8 |
| Disciples | 6 |
| Total | 24.000 |

## Notions.

La dépression de la mer Morte est de 880 mètres au-dessous du niveau de la Méditerranée.

Le niveau du lac de Tibériade est de 230 mètres au dessous de la Méditerranée.

Les sources chaudes de Tibériade ont une température de 62° centigrades. Leur odeur est sulfureuse, leur saveur très salée avec un arrière goût magnésien. Les bains de Tibériade sont efficaces pour les rhumatismes et les tempéraments affaiblis.

Les grands réservoirs de Salomon sont à la distance d'une heure au Sud de Bethléem.

## Signification des mots arabes.

- Aïn — Source
- Bahr — Mer
- Bir — Puits
- Beït — Maison
- Djebel — Montagne
- Kalâh — Forteresse
- Mar — Saint
- Nahr — Fleuve et rivière
- Ras — Cap
- Wadi — Vallée

## Monts remarquables.

| | | Haut. m. |
|---|---|---|
| Mt de Nazareth | Galilée | 392 |
| Mt Carmel | Galilée | 410 |
| Couvent du Carmel | Galilée | 400 |
| Cornes d'Hattin | Galilée | 336 |
| Mt Thabor | Galilée | 210 |
| Mt Garizim | Samarie | 508 |
| Mt Ebal | Samarie | 500 |
| Naplouse | Samarie | 416 |
| Silo | Samarie | 490 |
| Nebi Samwil | Judée | 710 |
| Gabaon | Judée | 658 |
| Mt des Oliviers | Judée | 688 |
| Mt Sion | Judée | 672 |
| Mt du Mauvais Conseil | Judée | 660 |
| Mt du Scandale | Judée | 682 |
| Mt des Francs | Judée | 690 |
| Mt de la Quarantaine | Judée | 120 |

## Villes et endroits remarquables

| | hab. |
|---|---|
| Jérusalem | 24.000 |
| Bethléem | 5.000 |
| Nazareth | 9.600 |
| Hébron | 10.000 |
| Jaffa (Joppe) | 10.100 |
| Naplouse (Sichem) | 12.000 |
| Safed | 4.650 |
| St Jean d'Acre (Ptolemaïs) | 8.400 |
| Gaza | 6.500 |
| Tibériade | 2.800 |
| Saïda (Sidon) | 4.600 |
| Tyr | 4.200 |
| Samarie (Sébastieh) | 700 |
| Aïn-Karim | 2.300 |
| Sephoris (Dio-Césarée) | 1.900 |
| Djenin (En-Gannim) | 2.400 |
| Jezraël | 960 |
| Kaïfa | 2.400 |
| Ramleh | 2.760 |
| Lydda (Diospolis) | 2.000 |
| Béthanie | 510 |
| Esdoud (Asedod) | 1.600 |
| Medjdiel (Migdalgad) | 2.080 |

## Analyse chimique des eaux de la mer Morte.

Pesanteur spécifique à 60°: 1.22742.

| | |
|---|---|
| Chlorure de magnesium | 145.8971 |
| — de calcium | 31.0746 |
| — de sodium | 78.5537 |
| — de potassium | 6.5860 |
| Bromure de potassium | 1.3741 |
| Sulfate de chaux | 0.7012 |
| | 264.1867 |
| Eau | 735.8083 |
| Total | 1000.0000 |

Total des matières solides trouvées par l'expérience: 267.0000.

## Quelques notions chronologiques relatives à la Palestine.

A. J.-C.

| | |
|---|---|
| 2891 | Abraham vient en Chanaan. |
| 1605 | Les Hébreux traversent le Jourdain. |
| 1599 | Partage de Chanaan en tribus. |
| 1050 | David prend Jérusalem, et y règne. |
| 1017 | Salomon, roi d'Israël. |
| 1007 | Le temple de Jérusalem fut terminé. |
| 977 | Mort de Salomon. |
| 972 | Invasion de la Palestine par Scissak, roi d'Egypte. |
| 714 | — — — par les Assyriens. |
| 599-8 | — — par Nabuchodonosor, r. de Babylone. |
| 587 | 1re Destruction de Jérusalem. |
| 536 | Les Juifs retournent à Jérusalem. |
| 517 | Le temple rebâti par Zorobabel. |
| 444 | Néhémie rebâtit les murs de Jérusalem. |
| 332 | Alexandre-le-Grand à Jérusalem. |
| 168 | Antiochus-Epiphane à Jérusalem. |
| 165 | Judas Macchabée délivre la Judée. |
| 163 | Antiochus-Eupator assiège Jérusalem. |
| 63 | Pompée se rend maître de Jérusalem. |
| 38 | Hérode assiège et prend Jérusalem. |
| 17 | Hérode rebâtit le temple de Jérusalem. |
| | Depuis Jésus-Christ. |
| 34 | Mort de J.C. à Jérusalem. |
| 68 | Vespasien bloque Jérusalem. |
| 70 | Siège de Jérusalem par Titus. |
| 70 | Prise de Jérusalem par les Romains. |
| 136 | Adrien fait rebâtir Jérusalem. |
| 326 | Constantin fait bâtir l'Eglise du St Sépulcre. |
| 614 | Invasion de Chosroès en Palestine. |
| 636 | Le Khalife Omar, maître de Jérusalem. |
| 998 | Le Khalife Hakem fait détruire l'Egl. du St Sépulc. |
| 1099 | Les Croisés prennent Jérusalem le 15 Juillet. |
| 1187 | Le 4 Juill. Saladin victorieux sur Guy de Lusignan. |
| " | Le 2 Oct. Saladin, maître de Jérusalem. |
| 1245 | Les Egyptiens, maîtres de Jérusalem. |
| 1249 | Louis IX, roi de France, en Palestine. |
| 1517 | Le sultan Sélim I, maître de la Palestine. |
| 1799 | Siège de St Jean d'Acre par Napoléon. |
| 1832 | Ibrahim-Pacha fait la conquête de la Palestine. |
| 1868 | Reconstruct. de la coupole du St Sépulcre à Jérlem. |

# OCÉANIE

par le Docteur ERMETE PIEROTTI

Architecte-Ingénieur. — Membre de plusieurs Academies Scientifiques.

### (I) Découvertes.

1511. Les Portugais découvrirent les Moluques.
1521. Magellan découvrit les Philippines…
1527. La Nlle Guinée fut découverte par Suavedra.
1568. Mendana découvrit l'archipel Salomon.
1595. Mendana déct les îles Marquises, et l'I. Ste Cruz.
1606. Quiros découvrit les Terres du St Esprit.
1605-1644. Les Hollandais découvrirent le continent qu'ils nommèrent Nlle Hollande.

### (II) Découvertes.

1648. Tesman découvrit la contrée qu'il appela Terre de Van-Diémen, et la Nlle Zélande.
1699. Dampier découvrit la Nlle Bretagne.
1766 à 1769. Bougainville rencontra l'archipel Dangereux découvrit l'Ile des Navigations, et visita Taïti, découvert par Wallis un an auparavant. — Le Capt Cook reconnut que la Nlle Zélande était séparée en 2 îles.

### (III) Découvertes.

1771 à 1775. Cook découvrit la Nlle Calédonie, la côte orientale de la Nlle Hollande, et nomma les Terres du St Esprit, Nouvelles Hébrides. — Dans son voyage de 1776 à 1779, il découvrit les îles qu'il appela Sandwich. — Freycinet et Dumont d'Urville, dans ce siècle, ont fait de nouvelles découvertes.

### Signes conventionnels

| | | | |
|---|---|---|---|
| A. | à l'Angleterre | B. | Baie |
| F. | à la France | C. | Cap |
| E. | à l'Espagne | G. | Golfe |
| H. | à la Hollande | I. | Ile |
| P. | au Portugal | T. | Terre |
| U. | aux Etats-Unis | V. | Ville |

### Table des Numéros correspondant à ceux de la Carte.

| | Malaisie | | Micronésie | | | Nlle Zélande | | | |
|---|---|---|---|---|---|---|---|---|---|
| 1. | Is Babuyanes | 1. | I. Marière | 12 | Pte de la Cascade | Nlle Zélande | 15 | I. King | Australie |
| 2. | I. Mindoro. E. | 2. | I. Rosario | 13 | C. Poulvind | Nlle Zélande | 16 | Terre Victoria | Australie |
| 3. | Dét. de S. Bernardino | 3. | Is Mulgraves | 14 | C. Farewel | Nlle Zélande | 17 | Tre de Grent | Australie |
| 4. | I. Samar. E. | 4. | I. Pleasant | 15 | Auckland. V. | Nlle Zélande | 18 | Br Melbourne | Australie |
| 5. | I. Panay. E. | 5. | Is Nouguouor | | **Mélanésie.** | | 19 | Portland V. | Australie |
| 6. | Is Sooloo | 6. | Is Dunkins | 1. | Papous | Nlle Guinée | 20 | I. des Kangourous | Australie |
| 7. | I. Labouan | | **Polynésie.** | 2. | G. Grehvink | Nlle Guinée | 21. | Presqu'I. de York | Australie |
| 8. | Is Nantunas | 1. | Nihau (Iles Sandwich) | 3. | B. Humboldt | Nlle Guinée | 22 | Tre de Flindas | Australie |
| 9. | Dét. de la Sonde | 2. | Alouai (Iles Sandwich) | 4. | I. Frédéric-Henri | Nlle Guinée | 23 | Australie mérid. | Australie |
| 10. | I. Banca. H. | 3. | Wahou (Iles Sandwich) | 5. | Noumea. V. | Nlle Calédonie | 24 | Pt du roi George | Australie |
| 11. | I. Billiton. H. | 4. | Rauai (Iles Sandwich) | 6. | I. des Pins | Nlle Calédonie | 25 | Ple d'Entrecasteaux | Australie |
| 12. | Mer de Java | 5. | Mowi (Iles Sandwich) | 7. | Tre de Carpentarie | Australie | 26 | Tre de Leuwins | Australie |
| 13. | I. Timorlaut. H. | 6. | Hawaii (Iles Sandwich) | 8. | C. Grenville | Australie | 27 | — d'Edels | Australie |
| 14. | Is Arrou. H. | 7. | Bt Taone-Roa (Nouvelle Zélande) | 9. | Port Denison | Australie | 28 | — d'Endracht | Australie |
| 15. | I. Cerans. H. | 8. | Bt d'Hawke (Nouvelle Zélande) | 10. | B. Glass-House | Australie | 29 | Australie occid. | Australie |
| 16. | I. Bouron. H. | 9. | C. Kawa-Kawa (Nouvelle Zélande) | 11. | Brisbane. V. | Australie | 30 | I. Melville | Australie |
| 17. | I. Gilolo | 10. | Akaroa. V. (Nouvelle Zélande) | 12. | C. Wilson | Australie | 31 | Tre de Van-Diemen | Australie |
| 18. | I. Morty | 11. | Dét. de Foveaux (Nouvelle Zélande) | 13. | Dét. de Banks | Australie | 32 | Tre d'Arnheim | Australie |
| | | | | 14. | Pte Ouest | Australie | | — | |

### Notices statistiques

| Pays, Colonies (1) | | Superficie Kil. car. (2) | Population (3) |
|---|---|---|---|
| Java et Madura | Malaisie à la Hollande | 134.689 | 15.674.000 |
| Sumatra, côte occt | Malaisie à la Hollande | 121.193 | 1.626.611 |
| Benkulen | Malaisie à la Hollande | 25.109 | 138.900 |
| Lampongs | Malaisie à la Hollande | 26.165 | 104.000 |
| Palembang | Malaisie à la Hollande | 160.289 | 548.000 |
| Rhian | Malaisie à la Hollande | 44.487 | 26.100 |
| Banca | Malaisie à la Hollande | 13.050 | 59.150 |
| Billiton | Malaisie à la Hollande | 6.552 | 28.200 |
| Célèbes | Malaisie à la Hollande | 118.366 | 342.000 |
| Bornéo, côte oc. | Malaisie à la Hollande | 154.507 | 340.600 |
| — id — id — Sud E. | Malaisie à la Hollande | 361.653 | 837.000 |
| Menado | Malaisie à la Hollande | 69.765 | 601.100 |
| Ternate | Moluques | 68.221 | 94.900 |
| Amboine | Moluques | 26.375 | 273.000 (Amboine et Banda) |
| Banda | Moluques | 22.651 | |
| Timor | Moluques | 57.431 | 90.300 |

| 1. | | 2. | 3. |
|---|---|---|---|
| Bali et Lombok (Mie H.) | | 104.462 | 87.000 |
| Philippines (Malie) | | 170.000 | 4.321.070 |
| I. Labouan (id) A. | | 116 | 3.890 |
| Is Carolines et Palaos | Micron. E. | 2.374 | 23.580 |
| Is Mariannes | Micron. E. | 1.080 | 5.680 |
| Nlle Zélande A. | Polynésie | 276.804 | 227.000 |
| Ie Taïti F. | Polynésie | 786 | 86.000 |
| Is Marquises F. | Polynésie | 1.244 | 1.200 |
| Hawaï | Polynésie, Iles Sandwich | 12.621 | 16.813 |
| Maoui | Polynésie, Iles Sandwich | 1.966 | 14.100 |
| Molakai | Polynésie, Iles Sandwich | 468 | 2.300 |
| Lanaï | Polynésie, Iles Sandwich | 467 | 400 |
| Oahou | Polynésie, Iles Sandwich | 1.882 | 17.309 |
| Kaouaï | Polynésie, Iles Sandwich | 8.06$ | 6.000 |
| Nihaou | Polynésie, Iles Sandwich | 308 | 350 |
| Kahoulaï | Polynésie, Iles Sandwich | 54 | 50 |
| Is indépendantes | Polynésie | 38.000 | 525.000 |
| Nlle Calédonie F. | Mélanés. | 17.400 | 20.300 |
| Is Loyalti | Mélanés. | 2.147 | 15.600 |

| 1 | | 2. | 3. |
|---|---|---|---|
| Nlle Guinée H. (Mélan.) | | 700.000 | 800.000 |
| Nlle Galle du S. | Mélanésie anglaise, Australie | 799.128 | 456.760 |
| Victoria | Mélanésie anglaise, Australie | 229.062 | 660.000 |
| Australie mérid. | Mélanésie anglaise, Australie | 986.736 | 181.700 |
| Queensland | Mélanésie anglaise, Australie | 1.353.690 | 100.460 |
| Australie occid. | Mélanésie anglaise, Australie | 1.730.738 | 24.800 |
| Territoire du N. | Mélanésie anglaise, Australie | 2.577.276 | 496.082 |
| Tasmanie | Mélanésie anglaise, Australie | 67.893 | 100.$^V$700 |
| Is Indépendantes | | 95.300 | 506.000 |

Nous ne prétendons pas donner la statistique générale de l'Océanie, nous la donnons sur les parties les plus connues.

### Villes principales en Australie et dans la Nlle Zélande.

| | hab. | | hab. |
|---|---|---|---|
| Melbourne | 140.000 | Hobart | 19.000 |
| Sidney | 94.000 | Brisbane | 16.100 |
| Adélaïde | 28.500 | Dunedin | 18.800 |
| Geelong | 23.000 | Auckland | 17.630 |

# AFRIQUE

par le Docteur ERMETE PIEROTTI

Architecte Ingénieur. — Membre de plusieurs Académies Scientifiques.

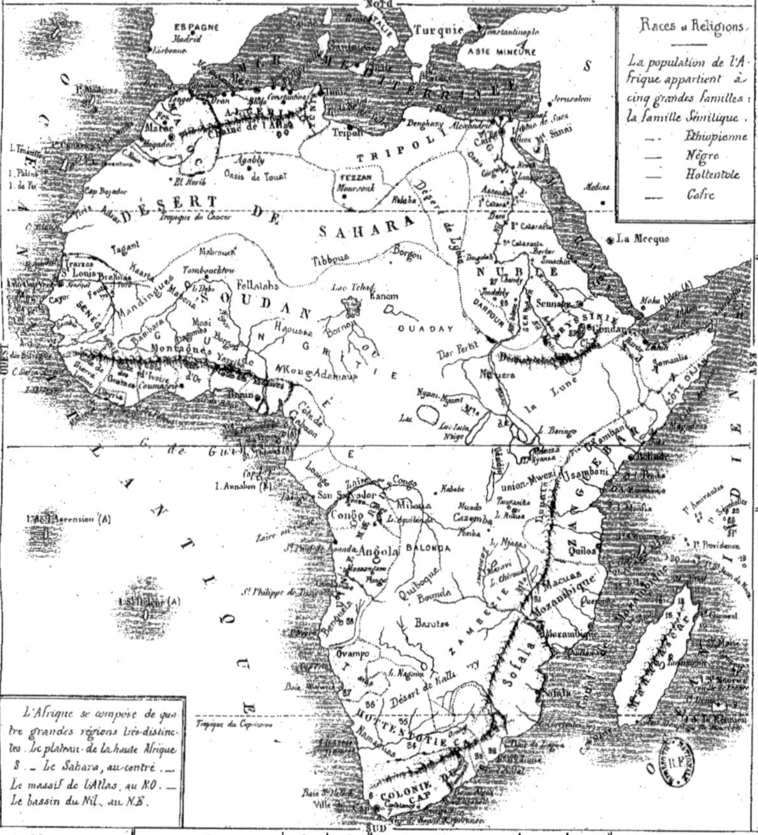

Table des N[os] correspondant à ceux de la Carte.

|  |  | |
|---|---|---|
| 1 | S[t]Antoine | Iles du Cap Vert. |
| 2 | S[t]Nicolas | |
| 3 | Boavista | |
| 4 | S[t]Yago | |
| 5 | Golfe Biafra | |
| 6 | Baie de la Table | Cap |
| 7 | False Bay | |
| 8 | C. des Aiguilles | |
| 9 | I[s] Mascareignes | |
| 10 | Baie Antongil | Madagascar |
| 11 | P[t] Diego Suarez | |
| 12 | B[e] Mousungay | |
| 13 | B[e] de Bombetok | |
| 14 | I. Anjouan | I[es] Comorres |
| 15 | I. Comorre | |
| 16 | I. Mayatte | |
| 17 | I. Nassi-Bé | Madagascar |
| 18 | I. Nassi-Milian | |
| 19 | I. Galega | |
| 20 | I. Cosmoledo | |
| 21 | I. Coetivy | Iles Seychelles. |
| 22 | I. Platte | |
| 23 | I. Mahé | |
| 24 | I. Socotorro | Golfe d'Aden |
| 25 | I. Périm | |
| 26 | Pyramides | Pays à proximité des côtes. |
| 27 | Kordofan | |
| 28 | Obeid | |
| 29 | Lac Tzana | |
| 30 | Lac Balli | |
| 31 | Riv. Chire | |
| 32 | Zoulous | |
| 33 | Natal | |
| 34 | Korana | |
| 35 | Betjouanas | |
| 36 | Bosjesmans | |
| 37 | Cimbébasie | |
| 38 | Kakonda | |

**Races et Religions.**

La population de l'Afrique appartient à cinq grandes familles : la famille Sémitique.

— Ethiopienne
— Nègre
— Hottentote
— Cafre

L'Afrique se compose de quatre grandes régions très-distinctes. Le plateau de la haute Afrique S. — Le Sahara, au centre. — Le massif de l'Atlas, au N.O. — Le bassin du Nil, au N.E.

**Fleuves principaux.**

| | Long. kilomètres |
|---|---|
| Nil [Egypte] | 5500 |
| Niger [Guinée] | 1900 |
| Sénégal [Sénég[al]] | 1800 |
| Gambie [ id ] | 1090 |
| Zambèze [Moz[ambique]] | 1830 |
| Orange [ Cap] | 1500 |
| Congo [ Congo] | 1850 |
| Medjerdah (Algérie) | 461 |
| Chelif (Algérie) | 458 |
| Seibouse (Algérie) | 181 |
| Oued Isser (Algérie) | 158 |
| Tafna (Algérie) | 130 |

**Monts principaux.**

| | haut. mètres |
|---|---|
| Piter Boot (Ile Maurice) | 4960 |
| Kilimandjaro (Zanguebar) | 6160 |
| Ambostimenes (Madagascar) | 5990 |
| Ambogeshen (Abyssinie) | 4600 |
| Atlas | 4000 |
| Pic de Ténériffe | 3800 |
| Duranseris (Algérie) | 2810 |
| M[t] de la Table (Cap) | 1493 |
| Pic de Vara (Açores) | 2410 |

**Lacs principaux**

Melr'ir (Algérie) ...
Tchad (Soudan ...
Dembéa, Tzana — Abyssinie
Nyanza, Luta N'zige, Tanganika — Haute Afrique
Njassa, Chiroua — Zambezie
Nagami — id. —
Mareotis à Alexandrie d'Egypte

## Notice statistique sur l'Afrique.

| Pays de l'Afrique. 1. | Superficie Kil. car. 2. | Population 3. |
|---|---|---|
| Egypte [vassal de la Turquie] | 460.000 | 5.300.000 |
| Nubie [ id. ] | 1.240.000 | 3.250.000 |
| Tripoli [ id. ] | 892.000 | 754.000 |
| Tunis [ id. ] | 119.000 | 2.050.000 |
| Algérie [à la France] .... | 669.000 | 2.900.000 |
| Maroc ........ | 671.896 | 8.738.000 |
| Les Presidios [à l'Espagne] | 104 | 14.000 |
| Afrique Centrale ........ | 14.927.980 | 115.100.000 |
| Sénégambie française ... | 250.000 | 206.000 |
| Id. anglaise .... | 54 | 7.000 |
| Id. portugaise ... | 32.320 | 9.000 |
| Sierra-Leone à l'Angleterre. | 1.212 | 48.000 |
| Libéria [rép. nègre] .... | 24.800 | 720.000 |
| Côte d'Or [à l'Angleterre] ... | 16.539 | 151.000 |
| Côte d'Or [à la Hollande] ... | 27.530 | 120.000 |
| Côte de Gabaon [à la France]. | 20.000 | 146.000 |
| Guinée portugaise [Angola et Benguela] .... | 809.484 | 2.000.000 |
| Colonie du Cap et Cafrerie anglaise ..... | 508.231 | 578.000 |
| Natal [à l'Angleterre] ... | 50.107 | 251.000 |
| Pays des Bassoutes [Angl.]. | 19.023 | 60.000 |
| République d'Orange ... | 124.440 | 40.000 |
| Id. de Transvaal.. | 248.000 | 300.000 |
| Mozambique, Sofala [au Portugal] | 990.000 | 300.000 |
| Sahara ou G[d] Désert .... | 6.314.000 | 4.150.000 |
| Abyssinie ........ | 411.000 | 3.020.000 |
| Madagascar ........ | 601.700 | 5.100.000 |
| Iles portugaises du C. Vert.. | 4.274 | 67.000 |
| Iles portugaises de Guinée. | 1.176 | 20.000 |
| Iles espagnoles de Guinée .. | 1.266 | 6.500 |
| I[s] françaises de la Réunion. | 3.941 | 234.000 |
| I[s] anglaises ; île Maurice .. | 1.836 | 383.000 |
| I[s] angl. Ste Hélène et autres .. | 6.501 | 26.000 |
| Iles indépendantes [Socotora etc] .... | 7.309 | 424.000 |
| Total ........ | 29.515.003 | 180.412.500 |

## Villes principales.

| | | habit. |
|---|---|---|
| Caire .... | Egypte | 450.000 |
| Alexandrie | Egypte | 360.000 |
| Damiette .. | Egypte | 21.000 |
| Tripoli .... | Régence de Tripoli | 32.000 |
| Mourzouk .. | Régence de Tripoli | 30.000 |
| Tunis .... | Régence de Tunis | 122.160 |
| Kairouan ... | Régence de Tunis | 50.200 |
| Cabès .... | Régence de Tunis | 19.900 |
| Maroc .... | Empire du Maroc | 106.000 |
| Fez .... | Empire du Maroc | 82.000 |
| Tanger .... | Empire du Maroc | 21.000 |
| Mogador ... | Empire du Maroc | 20.000 |
| Alger | Algérie | 53.000 |
| Constantine | Algérie | 35.700 |
| Oran | Algérie | 34.150 |
| Funchal [île de Madère]. | | 32.500 |
| Saint-Louis [Sénégal] ..... | | 14.000 |
| Le Cap [C. de Bonne-Espérance].. | | 42.000 |
| Port-Natal [Cafrerie anglaise]. | | 21.000 |
| Port-Louis [Ile Maurice] ... | | 18.100 |

www.ingramcontent.com/pod-product-compliance
Ingram Content Group UK Ltd.
Pitfield, Milton Keynes, MK11 3LW, UK
UKHW021024200726
13857UKWH00004B/1580

9 782013 059329